Christian Feichtinger

Filmeinsatz im Religionsunterricht

Mit zwei Abbildungen und digitalem Zusatzmaterial
unter http://www.v-r.de/film
Passwort: Oni6Pet5

Vandenhoeck & Ruprecht

Bibliografische Information der Deutschen Nationalbibliothek
Die Deutsche Nationalbibliothek verzeichnet diese Publikation in der
Deutschen Nationalbibliografie; detaillierte bibliografische Daten sind
im Internet über http://dnb.d-nb.de abrufbar.

ISBN 978-3-525-77679-7
ISBN 978-3-647-77679-8 (E-Book)

Umschlagabbildung: © olly – Fotolia.com

Satz: SchwabScantechnik, Göttingen
Druck und Bindung: ⊕ Hubert & Co., Göttingen

Gedruckt auf alterungsbeständigem Papier.

Inhalt

Vorwort

Somit bietet der Film einen unvergleichlichen Schatz an Ausdrucksmitteln, um die verschiedenen Ebenen, in die der Mensch sich eingebunden sieht, darzustellen und um seine unumgängliche Berufung zum Schönen, zum Universalen und zum Absoluten hin auszudeuten.[1]
Johannes Paul II.

Dieses Buch ist ein praktischer Beitrag zum Filmeinsatz im christlichen Religionsunterricht. Gerade Religionslehrerinnen und -lehrer haben seit den 1970er Jahren eine auffällige Affinität zum Spielfilm entwickelt: Es hat sich als Eigenart des Religionsunterrichts erwiesen, dem »Filmschauen« einen besonderen Raum zu geben. Schülerinnen und Schüler[2] erwarten Filme geradezu im Religionsunterricht und bringen auch selbst Filmvorschläge ein. Dies hat wohl nicht zuletzt mit dem korrelationsdidaktischen Ansatz des Religionsunterrichts zu tun, der an die Lebenswelt der Schüler anknüpfen will und entsprechend auch Zugänge wählt, die in dieser Lebenswelt eine wichtige Rolle spielen. Kinder und Jugendliche sammeln schon sehr früh Erfahrungen mit Film und Fernsehen und nehmen dabei Filme sehr intuitiv wahr. Der Kinobesuch gehört zu den beliebtesten Freizeitbeschäftigungen Jugendlicher, Filme sind Gesprächsstoff, Erfahrungs- und Erlebnisraum: *Wir müssen der Wahrheit ins Auge sehen: Filme sind für einen Großteil der Schüler der wichtigste Zugang zum Kulturwissen unserer Zeit: zu Geschichten, Mythen und Motiven aus der Literatur- und Geistesgeschichte vieler Jahrhunderte, zu alten Helden mit neuen Gesichtern und nicht*

---

1 Johannes Paul II.: »Ansprache an die Teilnehmer der Internationalen Studientagung über den Film, 1999«, in: http://www.vatican.va/holy_father/john_paul_ii/speeches/1999/december/documents/hf_jp-ii_spe_02121999_convegno-cinema_ge.html.
2 Im Verlauf dieses Buches wird aus Gründen der Lesbarkeit nur die maskuline Form verwendet. Es ist aber immer auch die weibliche Form, also die Schülerinnen, mitgemeint.

zuletzt zu klassischen, modernen und kunstvollen Formen des Erzählens. Filme bedienen sich unseres »kollektiven Unbewussten« – und formen es.[3]

Nicht nur die Geschichte des Religionsunterrichts in seiner korrelationsdidaktischen Ausrichtung oder die jahrzehntelange positive Auseinandersetzung des Vatikans mit der Filmkunst sollen Mut machen, dem Film im Religionsunterricht einen entsprechenden Platz einzuräumen. Denn es geht dabei auch um Bildung: Die Schule kann einen Rahmen dafür bereitstellen, Filme nicht nur zu konsumieren, sondern sich auch mit ihnen zu beschäftigen, ihre Inhalte zu hinterfragen, eine gewisse *media literacy* (Medienkompetenz) zu erwerben. Und damit ist bereits das Hauptanliegen dieses Buches angesprochen: Es soll einen klaren Unterschied zwischen privatem und schulischem Filmschauen geben. Warum sehen sich Jugendliche Filme an? Es können ganz unterschiedliche Gründe sein: Entspannung, Eskapismus, Ablenkung, Langeweile, Spannung oder Unterhaltung. Mit Lernen, Konzentration oder thematischen Inhalten hat das alles erst einmal nichts zu tun. Es gibt also ein Spannungsverhältnis zwischen Film in der Schule und dem gewohnten Umgang mit Filmen. Und hier kommt die Lehrperson ins Spiel: Eine gute Filmauswahl und eine entsprechende didaktische Aufarbeitung vorausgesetzt, kann ein Film zu einem wichtigen und integrativen Bestandteil einer Unterrichtsreihe werden. Bleibt man dem privaten Sehmodus auch in der Schule treu und zeigt Filme nur als »Belohnung«, am Ende des Schuljahres oder als unterhaltendes Füllmaterial, geht das schulische Potenzial des Films völlig verloren. Worum es also geht, ist eine aktive und kreative Aneignung von Filmen im Unterricht, indem es gelingt, etwas Schulfremdes – Filme werden nicht für die Schule gemacht! – als fruchtbares Element in das Unterrichtsgeschehen zu integrieren.

Was dieses Buch bietet …

Um diese Integration zu ermöglichen, bietet dieses Buch wichtige Tipps und Ideen auf drei Ebenen: Erstens gilt es, technische und rechtliche (Urheberrecht!) Aspekte des Filmeinsatzes im Schulunterricht abzuklären. Zweitens geht es um ganz konkrete didaktische Fragen: Nach welchen Kriterien wählt man einen Film aus? Welche Vorführmethoden, Gesprächsvarianten, Analysemittel und kreative Folgeideen gibt es? Und drittens: Welche Filme sind empfehlenswert? Für alle drei Ebenen bietet dieses Buch entsprechende Hilfestellungen. Nach einigen Hinweisen zum schulischen und rechtlichen Kontext folgt eine ausführliche Darstellung von Unterrichtsmöglichkeiten mit Filmen. Schließlich folgt

---

3   Hildebrand, Jens: Film: Ratgeber für Lehrer, Köln: Aulis 2001, 9.

eine an Themen und Lehrplänen orientierte kurze Vorstellung von 111 Spiel-
und abendfüllenden Dokumentarfilmen, die als Klassiker oder neue Filmtipps
den Unterricht bereichern können. Damit wird die Bandbreite des Filmeinsatzes entscheidend erweitert. Es ist dabei natürlich klar, dass je nach Thema ein
unterschiedlich breites Angebot vorliegt. Spezielle theologische Fragen (etwa
Sakramente) sind kaum filmisch aufgearbeitet, menschliche Grundthemen wie
Schuld, Gerechtigkeit oder Würde waren und sind hingegen Inspiration für eine
Vielzahl an Filmen ganz unterschiedlicher Art. Am Ende finden sich schließlich
Literatur- und Linklisten für das eigene Weiterforschen.

… und was nicht:

Dieses Buch ist gedacht als praktisches Handbuch für den einfachen Einsatz von
Filmen im Religionsunterricht und dementsprechend inhalts-/themenorien-
tiert. Es geht hier nicht um filmtechnische oder allgemein filmanalytische Fragen betreffend Kameraeinstellungen, Schnitttechniken oder Drehbücher. Dafür
gibt es eigene, von religiösen Inhalten unabhängige Bücher und Websites, von
denen einige im Appendix des Buches als weiterführende Empfehlungen angeführt sind. Auch geht es nicht um Kurzfilme, für die es ebenso eine Vielzahl an
didaktischen Aufbereitungen gibt.

Sinnvoll eingesetzt können Filme ein wichtiger Bestandteil des Religionsunterrichts sein. Sowohl für Auswahl als auch Einsatz kann man in diesem Buch
eine Vielzahl an Ideen finden und sie für die eigene Unterrichtssituation adap-
tieren. Und schließlich folgen aus den vielen Filmtipps auch unzählige spannende und bewegende Stunden beim Probesehen zu Hause.

Besonderen Dank für die Entstehung dieses Buches gebührt Wolfgang Wei-
rer, Werner Lang und Katrin Oberwinkler sowie allen Beteiligten am Fakul-
tätsschwerpunkt »Film und Theologie«, im Besonderen Theresia Heimerl und
Christian Wessely.

1. Film und Religion in der Mediengesellschaft

Unsere Gesellschaft wird von Medien durchdrungen, vielleicht sogar bestimmt. Technischer Fortschritt und Massenproduktion haben dafür gesorgt, dass Fernseher, Handy, Computer, Internetzugang, DVD- und MP3-Player nahezu zur Fixausstattung eines modernen Haushalts gehören und Jugendlichen im Alltag zur Verfügung stehen. Diese umfassende Ausstattung ist dabei völlig unabhängig von genderspezifischen Differenzen oder formaler Bildung der Eltern – und wird auch entsprechend genutzt:[1] »Jugendliche sind bereits jahrelang an die verschiedensten Präsentationen von Welt durch die Linse einer Kamera gewohnt. Sie wachsen in einem von stehenden und bewegten Bildern überfluteten Alltag auf. Der Schatz an Erfahrungen mit Erlebnissen im Zusammenhang mit Spielfilmen reicht vom Besuch eines Kinos mit Freunden oder dem gemeinsamen Videonachmittag über den Fernsehabend allein oder mit der Familie bis hin zur Identifikation mit den Leinwandhelden in Comics, in Video- oder Computerspielen.«[2] Gegen jeden Kulturpessimismus gilt es zunächst einmal, diese Entwicklung als Fakt anzuerkennen und als Voraussetzung jeglichen pädagogischen Handelns zu akzeptieren.

Die klassischen Massenmedien Film, Rundfunk und Print wurden durch digitale Medien und vor allem das Internet ergänzt und zurückgedrängt, und ihre Nutzung und Verfügbarkeit in diesem Prozess verändert. Um beim Film zu bleiben: Anfangs fanden Filmvorführungen lediglich in Kinos statt, deren Zahl erst langsam zunahm. Mit der Zeit kamen Innovationen wie Ton und Farbe neu hinzu. Mit der Verbreitung des Fernsehers konnten dann Filme auch zu Hause mittels Rundfunk gesehen werden, Bild- und Tonqualität traten dabei jedoch hinter jene des Kinos zurück. Die VHS-Kassette bot schließlich die Möglich-

---

1 Vgl. Schröder, Bernd: Medien als Exempel religiös relevanter Sozialisationsfaktoren, in: Schröder, Bernd: Religionspädagogik, Tübingen 2012 (= Neue theologische Grundrisse), 350–363, 353–355.
2 Ernst, Katharina: Mit Spielfilmen aufwachsen, in: Ammann, Daniel/Ernst, Katharina (Hg.) Film erleben: Kino und Video in der Schule, Zürich 2000, 19–28, 19.

keit, Filme aufzuzeichnen oder auszuleihen, um sie zur gewünschten Zeit am gewünschten Ort sehen zu können. Fernsehgeräte wurden qualitativ besser und größer, Soundsysteme garantierten den entsprechenden Klang nun auch im Wohnzimmer. Die Neuerungen der letzten Jahre haben noch einmal einen Entwicklungsschub bewirkt: Blu-Ray-Discs, Videoprojektoren, großformatige Flachbildfernseher und Surround-Systeme sorgen für ein Heimkinoerlebnis, das wenig zu wünschen übrig lässt. Umgekehrt werden Filme aber auch vermehrt am Laptop gesehen, der von der Bildgröße und Klangqualität her wieder hinter den alten Röhrenfernseher zurücktritt, d. h. Sehgewohnheiten werden nicht automatisch von einem »größer, besser, weiter« gesteuert. Das Sehen von Filmen und Serien *on demand* wurde durch das Internet perfektioniert: Filesharing, Streams und Downloads machen Filme, einen Breitband-Internetanschluss vorausgesetzt, immer und überall verfügbar, und wer sich um Fragen des Urheberrechts nicht so genau kümmert, bekommt sie auch noch umsonst. Auch wenn der Film prinzipiell immer noch dasselbe Medium ist wie zu Beginn (von technischen und stilistischen Innovationen einmal abgesehen), so haben sich die Umstände seiner Rezeption und seiner Verfügbarkeit dramatisch verändert. So sehr das Kino wieder einmal eine Renaissance erlebt und »Kino gehen« bei Jugendlichen als perfekte Mischung aus medialem und sozialem Ereignis zu den wichtigsten Freizeitaktivitäten gehört, so sehr sind Filme auch »Wegwerfprodukte« geworden, da der nächste Film nur wenige Mausklicks und ein paar hundert Megabytes entfernt ist. Film und Fernsehen wurden also durch das Internet nicht verdrängt, sondern die Sehgewohnheiten haben sich verändert. Privater Filmkonsum fungiert entweder als Lean-Back-Medium, welches in der Aktivität und Aufmerksamkeit fordernden SMS-, E-Mail und Facebook-Welt einen Bereich zum Abschalten, Entspannen und Nichtstun bereitstellt,[3] oder ist integriert in die virtuelle Welt, indem gleichzeitig zum Film- oder Serienerlebnis dieses durch Facebook oder Twitter kommentiert wird.

Computer und Internet haben so einerseits die alten Medien ergänzt und andererseits integriert und erweitert, sie zu einem konvergenten Netz zusammengeschlossen. Das Stichwort heißt »Mediengesellschaft«: Medien verschiedenster Art haben sich quantitativ und qualitativ immer mehr ausgebreitet und neue Medienformen haben sich herausgebildet, die nach eigenen Gesetzmäßigkeiten funktionieren. Die Vermittlungsleistung und -geschwindigkeit von Informationen hat zugenommen, und Medien durchdringen immer stärker alle gesell-

---

3   Vgl. Großegger, Beate: Jugend in der Mediengesellschaft. Sozialisiert im Zeitalter des dynamischen technologischen Wandels, in: http://www.eduhi.at/dl/jugendkultur.at-Dossier_Jugend_in_der_Mediengesellschaft.pdf., 9 f.

schaftlichen Bereiche. Aufgrund ihrer hohen Nutzungswerte genießen Medien zunehmend positive Aufmerksamkeit und gesellschaftliche Anerkennung, und schließlich werden sie mehr und mehr zur unabdingbaren Voraussetzung der Teilhabe am Informations- und Kommunikationsprozess. Alle gesellschaftlichen Bereiche (Sport, Politik, Wirtschaft, auch Religion) müssen ihre Außenkommunikation mit den Gesetzmäßigkeiten der Massenmedien abstimmen.[4] Wertediskussionen, die Auseinandersetzung mit Recht und Unrecht, Geschlechterrollenbilder und Modelle von Partnerschaft und Ehe werden mehr und mehr von medialen Produkten mit beeinflusst. Bei all dem muss aber auch die wirtschaftliche Dimension berücksichtigt werden: Der größte Teil der medialen Erzeugnisse und gerade der Spielfilme wird nach kommerziellen Kriterien erstellt, nicht um ethische Prozesse anzuregen.

Der niederschwellige Zugang zu einer großen Masse an Information führt dabei nicht automatisch zu einer Demokratisierung von Wissen. So wie das demokratische Wahlrecht erst wahrgenommen werden muss, so entscheidet auch die Mediennutzung erst über den möglichen Wissenserwerb. Auf diese Weise vergrößert sich faktisch die Wissenskluft: Menschen mit höherer Bildung verwenden Internet, Fernsehen etc. anders und profitieren weitaus mehr vom erhöhten Wissensangebot als Angehörige bildungsferner und sozial schwächerer Schichten. Auch die Mediensozialisation in den Familien läuft sehr unterschiedlich ab.[5] Beate Großegger differenziert hier zwischen »Info-Seekern«, die aktiv im Internet nach Informationen suchen, »Info-Avoidern«, die Medien rein unterhaltungsorientiert nutzen, und der großen Gruppe der »Info-Scanner«, die versuchen, sich in der Fülle der Informationen einen schnellen Überblick zu verschaffen und nach persönlich als wichtig empfundenen Schlagzeilen Ausschau halten.[6]

Für den Einsatz von Spielfilmen im Unterricht bedeutet dies, den Film nicht isoliert zu betrachten, sondern eingebettet in die technischen und sozialen Bedingungen der modernen Mediengesellschaft. Die ansprechende technische Präsentation des Films ist dabei ebenso wichtig wie die Berücksichtigung des Einflusses von Internet und digitalen Medien auf die Art und Weise des Medienkonsums Jugendlicher, noch mehr, auf die Art und Weise der Entwicklung von Jugendlichen überhaupt. Schüler von heute sind sogenannte *Digital Natives* (»digitale Einheimische« oder »Eingeborene«): Sie haben nie eine Welt ohne

---

4   Vgl. Jarren, Ottfried: »Mediengesellschaft«. Risiken für die politische Kommunikation, in: Politik und Zeitgeschichte 41/42 (2001) 10–19, 11 f.

5   Vgl. Jäckel, Michael: Medienwirkungen. Ein Studienbuch zur Einführung, Wiesbaden: VS
    [4]2008, 287–305.

6   Vgl. Großegger, Jugend in der Mediengesellschaft, 6.

Handys, Internet, Satelliten-Fernsehprogramm rund um die Uhr, MP3-Player, Laptops u. ä. erlebt und unterscheiden sich damit (noch) von ihren Lehrpersonen, die zumindest ihre Kindheit ohne all diese technischen Errungenschaften verbracht haben und daher als *Digital Immigrants* bezeichnet werden können. Der Pädagoge und Manager Marc Prensky skizzierte die Digital Natives als Menschen, die Internet, SMS und Handys als selbstverständliche Bestandteile ihres Lebens ansehen, und durch diese beständige Interaktion auch eine veränderte Hirnstruktur aufweisen, die stark von Multitasking, schneller Information *(Google, Wikipedia)* und grafischer/visueller Aufarbeitung geprägt ist.[7] Die Neurologen Gary Small und Gigi Vorgan haben diese Hirnveränderungen auch experimentell überprüft und kommen zum Schluss: »Unsere High-Tech Revolution hat uns in einen Zustand der permanenten Teil-Aufmerksamkeit versetzt, […] ein ständiges Beschäftigtsein, bei dem wir zwar stets etwas im Auge haben, aber uns nie wirklich auf etwas konzentrieren.«[8] Jede Aufmerksamkeit wird also von einer permanenten Bereitschaft für neue Nachrichten, Eindrücke und Aktivitäten begleitet. Das ist nicht nur negativ: Personen, die digitale Medien intensiv nutzen, verfügen über gesteigerte Reaktionsschnelligkeit, eine verbesserte Rezeptionsfähigkeit für Bilder und schnelle Bildfolgen sowie Multitasking-Fähigkeiten. Sie schaffen es, mehrere kleine Beschäftigungen gleichzeitig auszuführen, zugleich entwickeln sie aber auch ein verstärktes Bedürfnis nach entsprechenden Kommunikationsformen. Wichtig ist dabei, und das ist auch eine entscheidende Kritik am Konzept des Digital Natives, dass die Veränderung der Aufmerksamkeits-Struktur nicht immer eine Altersfrage ist, sondern von der tatsächlichen Beschäftigung mit diversen digitalen Medien abhängt. Für den Digital Immigrant, der auf seinem Smartphone ständig zwischen Telefonat, Computerspiel und E-Mail-Konversation wechselt, gelten die oben genannten Veränderungen weitaus mehr als für einen »Digital Native«, der digitale Medien jedoch nur selten nutzt. Dennoch ist klar, dass in Summe das mediale Nutzungsverhalten der jüngeren Generation ein anderes ist als das älterer Generationen, sodass nach Großegger durchaus von Digital Natives als Altersgruppe gesprochen werden kann.[9] Intensive Nutzung von digitalen Medien

---

7 Vgl. Prensky, Marc: Digital Natives, Digital Immigrants, in: http://www.marcprensky.com/writing/prensky%20-%20digital%20natives,%20digital%20immigrants%20-%20part1.pdf.

8 Small, Gary/Vorgan, Gigi: »Meet Your iBrain. How the technologies that have become part of our daily lives are changing the way we think«, in: Scientific American Mind 19 (2008), 42–49, 46. [Übersetzung C.F.]

9 Großegger, Jugend in der Mediengesellschaft, 9.

heißt jedoch nicht, wie oft fälschlich angenommen, dass sich Jugendliche mit diesen auch (technisch, wissensmäßig, kreativ) »auskennen«.[10]

Als PädagogIn ist es wichtig, sich über diese strukturellen Veränderungen, die sich auch in der Hirnentwicklung abbilden, im Klaren zu sein. Die permanente Verfügbarkeit von Telefonaten, SMS, E-Mails, Internetzugang, Videos, Musik usw. durch Smartphones hat diesen Prozess noch einmal beschleunigt und zu einer Verminderung von Aufmerksamkeitsspannen und Konzentrationsfähigkeit beigetragen. Ob man diese Entwicklung kritisieren will[11] oder die schnelleren »Rechenleistungen« und Reaktionsfähigkeiten des Gehirns begrüßt, ist völlig unerheblich: Fakt ist, dass sie in vollem Gange ist und Einfluss auf das Unterrichtsgeschehen nimmt. Für den Filmeinsatz im Unterricht bedeutet dies vor allem, dass auch Filme eine gewisse Grundaufmerksamkeit über einen längeren Zeitraum erfordern, die heute nicht mehr selbstverständlich vorausgesetzt werden kann. Selbst wenn man Filmen keinerlei Inhalte zuspricht, sondern sie als rein entspannend wirkendes »Nullmedium« betrachtet, setzt das jene Fähigkeit zur Ruhe voraus, die Small/Vorgan dem »neuen Gehirn« gerade absprechen. Wenn in einem Film längere Zeit »nichts passiert« oder die nächste dringende SMS erwartet wird, haben Schüler zunehmend Schwierigkeiten, bei der Sache zu bleiben. Wie dies im Einzelfall aussieht, kann man nur durch Erfahrung feststellen. Jedenfalls muss klar sein, dass Filme heute keine Selbstläufer sind, sondern von einer Kultur der medialen Beschleunigung, die sie mit initiiert haben, selbst überholt worden sind. Sowohl Filmauswahl als auch Aufbereitung und Vorführmethoden müssen sich an dieser Frage orientieren. *Für* den Film als Unterrichtsmedium spricht hingegen die zunehmende Verschiebung von argumentativem zu narrativem Denken in der digitalen Gesellschaft. Gegenüber dem klassischen rational-logisch-linearen Argumentieren ist narratives Denken »konkret in dem Sinne, dass es reale Erlebnisse und Erfahrungen als Ressource nutzt und eine komplexe Welt, in der Fakten und Emotionen ineinandergreifen, widerspiegelt«[12]. Narrationen, verbunden mit einen »Mixed-Media-Erzählstil« sind die bevorzugten Zugänge zu Informationen geworden. Der Film als Mischung aus Bild, Ton und Narration kann diese Bedürfnisse junger Mediennutzer, alle drei Aspekte in entsprechender Qualität vorausgesetzt, gut erfüllen.

10 Vgl. Mok, Sog Yee/Ertl, Bernhard: Medienkompetenz, in: Paechter, Manuela u. a. (Hg.): Handbuch Kompetenzorientierter Unterricht, Weinheim 2012, 105–118, 108 f.
11 Zuletzt etwa Türcke, Christoph: Hyperaktiv! Kritik der Aufmerksamkeitsdefizitkultur, München: Beck ²2012.
12 Großegger, Jugend in der Mediengesellschaft, 17.

1.1 Medienpädagogik/Medienkompetenz

Im Kontext dieser Umwälzungen wird eine reflektierte Auseinandersetzung mit Medien zu einem immer wichtigeren Bestandteil des Unterrichts, was auch vom österreichischen Bundesministerium für Unterricht, Kunst und Kultur 2012 in einem Grundsatzerlass noch einmal unterstrichen wurde: »Wenn nun die reflektierende Begegnung und Auseinandersetzung mit Wirklichkeiten ein grundlegender Bestandteil von Pädagogik ist, dann ergibt sich daraus der Schluss, dass Medienpädagogik die gesamte Pädagogik wesentlich stärker durchdringen soll. Pädagogik muss gleichzeitig auch Medienpädagogik sein.«[13] Hinter dem Begriff »Medienpädagogik« können unterschiedliche Konzepte stehen. Dem schulischen Bereich kommen dabei vor allem die Aufgaben zu, Medien aufklärerisch, reflektierend und handlungsorientiert einzusetzen. Dabei ist nicht von idealen Voraussetzungen auszugehen, sondern im Hinblick auf die Sehgewohnheiten, Bedürfnisse und Alltagsnutzung von Medien durch Jugendliche eine Orientierung am medialen Alltag der Schüler notwendig.

Die moderne Definition von Medienpädagogik verbunden mit dem Ziel einer »Medienkompetenz« begann in den 1960er- und 1970er-Jahren. In dieser Zeit vollzog sich ein Wandel im Bild vom Medienrezipienten, weg von einem passiven Objekt und Opfer von Medienwirkungen und hin zu einem aktiv handelnden Subjekt, das sich mit Medieninhalten auseinandersetzt und dabei eine entsprechende Medienkompetenz erwirbt, auch wenn der Begriff als solcher in dieser Zeit noch nicht verwendet wurde:[14] »Medienkompetenz heißt dann, dass Menschen in der Lage sind, sich selbstbestimmt und kritisch den Medien und ihrer individuellen Mediennutzung gegenüber zu verhalten. Medienkompetenz ist nicht als Wissen zu vermitteln, sondern wird in der konkreten Lebenswirklichkeit erlernt.«[15] Und Schule ist ein wichtiger Teil dieser konkreten Lebenswirklichkeit. Was aber bedeutet Medienkompetenz genau, und was ist dann eine spezifische Filmkompetenz? Der Begriff »Kompetenz« ist mittlerweile zu einem pädagogischen Leitbegriff geworden: Die Forderung nach »kompetenzorientiertem Unterricht« ist in aller Ohren. Prägend für die moderne Bedeutung

---

13 Erlass des Bundesministeriums für Bildung, Wissenschaft und Kultur BMUKK-48.223/0006-B/7/2011, Rundschreiben Nr. 04/2012, 1, in: http://wwwbmukk.gv.at/medienpool/5796/medienerziehung.pdf

14 Vgl. Süss, Daniel/Lampert, Claudia/Wijnen, Christine: Medienpädagogik. Ein Studienbuch zur Einführung, Wiesbaden 2010 (= Studienbücher zur Kommunikations- und Medienwissenschaft), 60.

15 Pfeiffer, Susanne: Film und Religion. Die Mediensozialisation Jugendlicher im Informationszeitalter, Münster: Lit 2000 (= Schriftenreihe der Evangelischen Fachhochschule Freiburg 10), 68.

des Begriffs war der US-amerikanische Linguist Noam Chomsky, der zwischen
»Kompetenz« als prinzipieller Fähigkeit zur Formulierung von Sätzen und »Performanz« als Fähigkeit zur tatsächlichen Anwendung dieser Kompetenzen unterschied. Um also das Vorhandensein von Kompetenz zu überprüfen, bedarf es
einer Performanz als deren Äußerung. Dieser Kompetenzbegriff wanderte von
der Linguistik weiter in den Bereich der Kommunikation und wurde schließlich auch zur Medienkompetenz.[16] Christian Doelker unterscheidet in einem
sehr umfassenden Zugang zehn Perspektiven, die sich Medienpädagogik zum
Ziel machen kann und soll, um Medienkompetenz zu erwerben:

– *Perspektive 1:* Präsenz der Medien. Die Schüler sollen ihre medienökologi-
  sche Situation bewusst erkennen und sich darin bewegen können.
– *Perspektive 2:* Medien einschätzen lernen. Pauschale Einschätzungen von
  Medien sollen hinterfragt werden können.
– *Perspektive 3:* Medien auswählen lernen. In der zunehmenden Fülle des
  Angebots soll man sich selbstbestimmt und auch in Auseinandersetzung
  mit unbewussten Nutzungsmotiven kompetent bewegen.
– *Perspektive 4:* Medien lesen lernen. Die Medienangebote als Texte lesen können, bedeutet, den medial vermittelten Zugang zu verschiedenen Wirklich-
  keiten als Vermittlung durch Zeichensysteme zu erkennen und diese Zei-
  chen adäquat interpretieren zu können.
– *Perspektive 5:* Medien beurteilen lernen. Es sollen textimmanente und
  -externe Bezugssysteme verwendet werden, um die Qualität und Gültigkeit
  von Medienbotschaften einordnen zu können.
– *Perspektive 6:* Medien herstellen lernen. Die Kulturtechnik Schreiben soll
  auf alle Ausdrucksformen in den Medien ausgeweitet werden und damit
  Kreativität, aber auch Aufarbeitung von Problemen und Konflikten erfolgen.
– *Perspektive 7:* Medien auswerten lernen. Medien sollen breit genutzt werden
  können, um Informationen und Datenquellen zu erschließen.
– *Perspektive 8:* Medien beeinflussen lernen. Die Mediennutzer sollen auf die
  professionellen Medienanbieter Einfluss nehmen können, beispielweise in
  Trägerorganisationen, aber auch in anderen Formen der Intervention und
  des Feedbacks.
– *Perspektive 9:* Medien einsetzen lernen. Schüler wie Lehrer sollen die Medien
  in ihrem didaktischen Potenzial kritisch einschätzen und sie mit ihren typischen Leistungen (Medienspezifitäten) verwenden können.
– *Perspektive 10:* Leben mit und ohne Medien. Medien sollen so im Alltag inte-

---

16 Vgl. Süss/Lampert/Wijnen, Medienpädagogik, 107.

griert sein, dass sie verantwortungsvolles Handeln und Auseinandersetzung mit Sinn-Fragen nicht gefährden, sondern dazu anregen.[17]

Durch die zunehmende Digitalisierung der Lebenswelt müsste mittlerweile als 11. Perspektive noch der Erhalt von Sicherheit und Privatsphäre hinzukommen, die Fähigkeit, sich gegen Viren, Trojaner, Zugriff auf private Daten, Phishing etc. sichern zu können.[18]

Selbstverständlich handelt es sich hier um Perspektiven, zu denen Schule als Lebensbereich nur einen gewissen Teil beitragen kann und die wesentlich auch von anderen lebensweltlichen Faktoren abhängen. Speziell für den Einsatz von Filmen und einer damit angestrebten Filmkompetenz definiert Jens Hildebrand Film als Textform und entspricht damit dem englischen Begriff von *media literacy* als mediale Lesefähigkeit: Der Einsatz von Filmen im Unterricht »soll Schülern Filmlesefähigkeit vermitteln und sie in die Lage versetzen, bewegte Bilder kontrolliert zu rezipieren. Hierbei geht es nicht um die Schule als Kinosaal, um eine flimmernde Spaßschule mit kuschelweichen *Loveseats:* Es geht um Bildung!«[19] Dieses Bildungsprojekt kann freilich nur gelingen, wenn Filme nicht als Lückenfüller oder kurz vor den Ferien gezeigt werden, und wenn Film nicht äquivalent mit »keine Zeit für eine Unterrichtsvorbereitung« angesehen wird. Eingeordnet in ein Überkonzept der Medienkompetenz kann dann so etwas wie Filmkompetenz definiert und angestrebt werden, die darauf abzielt …

- filmisch präsentierte Erzählungen zu verstehen, zu analysieren und zu deuten (Bilder, Szenen, Sprache, Narrative),
- filmische Stilmittel zu erkennen, zu benennen und in ihrer Funktion und Wirkung mit Blick auf den filmischen Kontext erklären (Kamera, Bild, Montage, Akustik, Darstellung, Schnitt …),
- filmische Dramaturgie zu erkennen, zu beschreiben und in ihrer Funktion und Wirkung zu erläutern (kein linearer Aufbau zum Höhepunkt am Schluss, sondern Zwischenhöhepunkte bzw. Wendepunkte – Plot Points – mit abfallender Dramatik),
- Filme selbst zu gestalten, um ihre Kenntnisse über Funktion und Wirkungsweise von Stilmitteln zu vertiefen und

---

17 Vgl. Doelker, Christian: media in media. Texte zur Medienpädagogik. Ausgewählte Beiträge 1975–2005, Zürich 2005, 225–237, zit. n. Süss/Lampert/Wijnen, Medienpädagogik, 110.
18 Vgl. Mok/Ertl, Medienkompetenz, 107.
19 Hildebrand, Film: Ratgeber für Lehrer, 9.

– die eigene Rezeption von Filmen zu kontrollieren (Auswahl, Entlastung und Distanzierung).[20]

Dieses Konzept von Hildebrand ist ein Maximalprogramm, das im Idealfall eine nachhaltige Veränderung der Mediennutzung Jugendlicher überhaupt anstrebt. Gerade in Kombination mit einer guten Auseinandersetzung mit filmischen Inhalten können jedoch vor allem die ersten drei Punkte auch durch einen »gewöhnlichen« Schulunterricht positiv beeinflusst werden, sofern ein offener und entwicklungsfähiger Zugang zum Film sowohl bei der Lehrperson als auch den Schülern vorhanden ist.

Daraus ergibt sich freilich eine zusätzliche Überlegung: Wenn es Medienpädagogik und Medienkompetenz gibt, so muss es auch eine medienpädagogische Kompetenz geben. Unter dem Eindruck des beschleunigten medialen Wandels ist eine Unsicherheit im Umgang mit Medien verständlich: In manchen Aspekten und Kompetenzen sind die Schülern ihren Lehrenden weit voraus. Dies und die schnelle Veränderung hin zu konvergenten digitalen Medien führen zu einer Verunsicherung, die dazu verleitet, medienpädagogische Fragen aus dem Unterricht herauszuhalten. Umso mehr bedarf es heute einer medienpädagogischen Kompetenz, einer Grundsicherheit im Umgang mit Medien und Informationstechnologie, eines Repertoires an Lehr- und Lernformen, Kenntnis der Mediennutzung Jugendlicher und einer Förderung der technischen Rahmenbedingungen an Schulen. Eine gute Mediendidaktik bedarf sowohl der Fähigkeit als auch der grundsätzlichen Bereitschaft, über soziale, ästhetische und mediale Aspekte von Medien zu reflektieren, Mediensysteme sicher zu handhaben, ihre Rolle in der Gesellschaft und vor allem in der Lebenswelt Jugendlicher wahrzunehmen, mediale Inhalte zu prüfen und zu bewerten und Medien schließlich sachgerecht in den Lehr- und Lernprozess zu integrieren. All dies gilt für Medien im Allgemeinen und für den Film im Speziellen.

1.2 Film und Religionsunterricht – eine besondere Beziehung

Zwischen Film und Religion(sunterricht) hat sich dabei eine besondere Beziehung entwickelt. Zu den Erwartungshaltungen an den Religionsunterricht gehört das gemeinsame Sehen von Filmen dazu, eine Haltung, die umgekehrt auf eine besondere Bereitschaft von ReligionslehrerInnen zu treffen scheint, eben auch Filme zu zeigen. Kaum vorstellbar wäre etwa ein Mathematikunterricht, in dem der Film A Beautiful Mind (Regie: Ron Howard, USA 2001) gezeigt wird,

---

20 Vgl. ebd., 45.

obwohl dieser anhand des Schicksals des großen Mathematikers John Nash durchaus in der Lage wäre, eine stärkeres Verständnis für die Bedeutung der Mathematik herzustellen. Oft waren es gerade die Religionspädagogen, die an ihren Schulen zu den Pionieren der Verwendung audiovisueller Medien wurden. Hier lassen sich verschiedene Gründe bestimmen. Zunächst nimmt der Religionsunterricht in vielen Fällen einen Sonderstatus unter den Gegenständen ein, als Fach, das als weniger stoff- und prüfungsorientiert gilt und mehr Freiräume, offene Lernformen oder auch »Entspannung« bietet. Umso wichtiger ist es, sich mit den gezeigten Filmen auch auseinanderzusetzen und bewusst als Teil des Unterrichts zu positionieren. Filme als bloße Unterhaltung zu zeigen, unterminiert die Stellung des Religionsunterrichts, der im schlimmsten Fall mit »Filmschauen und Nichtstun« zusammengefasst wird und damit seinen Anspruch als wertvoller Teil des schulischen Fächerkanons einbüßt.

Der korrelationsdidaktische Anspruch des Religionsunterrichts fordert eine prinzipielle Ausrichtung auf die Lebens- und Erfahrungswelt der Schüler, zu der Filme und Kino ganz wesentlich dazugehören. Gerade der Religionsunterricht setzt sich dabei mit menschlichen Grunderfahrungen und Sinnorientierungen auseinander. Für Jugendliche sind Filme ein wichtiges Material für Identitätsbildung und Sinnfragen, und es gibt zweifelsohne eine mythische Tiefenstruktur des Kinos, die fundamentale menschliche Erfahrungen dramatisch zum Ausdruck bringt: Liebe, Verlust, Adoleszenz, Angst, Rettung, Freundschaft, Erlösung, Hybris, Tod, Trauer, Fremdsein, Gut und Böse, Schuld, Gewalt und vieles mehr sind Themen der Auseinandersetzung mit der Wirklichkeit, sind Fragen, mit denen sich ein korrelationsdidaktischer Religionsunterricht beschäftigt, und Quellen, aus denen sich ein großer Teil filmischer Narrative speist. Erfolgreiche Filme gehen auf menschliche Bedürfnisse ein, beschäftigen sich mit der Frage nach Identität, verarbeiten die Angst vor menschlicher Begrenztheit und Vergänglichkeit und skizzieren und definieren hohe Ideale und Werte. 1966 kam Paul Halbe bei seinen Überlegungen zu den »Festwochen des religiösen Films« daher zum Schluss, dass ein »religiöser Film« nicht automatisch mit Bibel oder Kirche zu tun hat: »Die Kennzeichen für religiös und nicht-religiös sind vielmehr im Thema zu suchen, in den vorgestellten Verhaltensweisen und ihren inneren Begründungen. Mancher Problemfilm, in dem kein Wort von Gott fällt, hat darum eher etwas mit Religion zu tun als etwa ein Don-Camillo-Film.«[21]

Es ist eine der zentralen Aufgaben des Religionsunterrichts, Kinder und Jugendliche auf ihrem Weg vom Klischee zu einer realistischen und angemes-

---

21 Halbe, Paul: »Zeitnahe religiöse Gespräch durch den Film«, zit. n. Tiemann, Manfred: Jesus comes from Hollywood. Religionspädagogisches Arbeiten mit Jesus-Filmen, Göttingen 2002, 24.

senen Sicht der Wirklichkeit zu begleiten. In einer Mediengesellschaft kann das
nur in der Auseinandersetzung mit prägenden Medien gelingen: »Didaktische
Reflexion von ›Medien‹ ist also nicht ins Belieben gestellt, sondern sie erweist
sich im Zeichen der Subjekt- und Lebensweltorientierung als unumgänglich.«[22]

Des Weiteren gibt es eine besondere Beziehung von Film und Religion selbst.
Biblische Erzählungen gehören zum gemeinsamen kulturellen Erbe der christ-
lich geprägten Länder und haben die sich entwickelnde Filmkunst von Anfang
an begleitet. Bis zum Jahr 1910 lagen bereits Verfilmungen der Geschichten von
Jesus, speziell der Passion, von Samson, David, Moses, Daniel, Noah und des
Sündenfalls vor, eine Entwicklung, die in den üppig inszenierten Monumental-
filmen der Jahrhundertmitte kulminierte und bis in die heutige Zeit andauert,
zuletzt mit Mel Gibsons umstrittenem Werk DIE PASSION CHRISTI (USA 2004).[23]
Darin zeigt sich, dass Religion niemals in einem gesellschaftlichen Sonderbereich
existiert, sondern prinzipiell immer mit der Populärkultur verwoben ist. Noch
mehr, Religion selbst ist nicht nur universitäre Theologie, sondern ebenso eine
Populärkultur, die stets eine Vielzahl an medialen Ausdrucksformen hervorge-
bracht hat und umgekehrt eine wichtige Ressource für Kunst und Medien ist.
Zu bedenken ist bei allen biblischen oder »religiösen« Filmen jedoch eines: Sie
verfolgen in der Regel nicht kirchliche oder religiöse Ziele, sondern richten sich
nach kommerziellen, künstlerischen oder kulturkritischen Absichten aus und
gehen entsprechend mit den religiösen Inhalten um. Auch ein Film, der zum
Nachdenken anregen oder Kritik üben möchte, will zunächst einmal gesehen
werden, das heißt: unterhalten.

Insgesamt lassen sich drei Kategorien von Filmen klassifizieren, die für den
Religionsunterricht interessant sind:

*Filme, die explizit ein religionsspezifisches Thema, eine biblische Erzählung o. ä.
zum Inhalt haben.*

Zu dieser Kategorie gehören Bibelfilme, Filme über Päpste oder Heilige, Filme
über das Leben in buddhistischen Klöstern, über Wallfahrten nach Mekka uvm.
Sie sind insofern »religiös«, als sie Elemente oder Lebensbilder aus einer konkreten Religion aufgreifen und zum Rahmen oder zum Mittelpunkt ihrer Erzählung
machen. Elemente und Motive werden hier aus ihrem ursprünglichen, religiösen Kontext in einen neuen, von medialen Gesetzmäßigkeiten (Handlungskur-

---

22 Schröder, Bernd: Medial konstruierte Lernorte – Religionspädagogik der Medien, in: Schrö-
    der, Bernd: Religionspädagogik, Tübingen 2012 (= Neue theologische Grundrisse), 682–690,
    684.
23 Vgl. Gottwald, Eckart: Art. Bibelfilme, in: Mette, Norbert/Rickers, Volker (Hg.): Lexikon der
    Religionspädagogik. 1, Neukirchen-Vluyn 2001, 180–182, 182.

ven, Visualisierung etc.) geprägten Kontext gestellt. Diese Filme eignen sich vor allem zur Veranschaulichung einer Thematik, aber auch zur kritischen Auseinandersetzung mit deren filmischer Darstellung.

Filme, die religiöse Themen oder Elemente aufgreifen und kreativ weiterverwenden. Filme dieser Art greifen zwar auf Inhalte und/oder Elemente aus Religionen zurück, etwa Messiasvorstellungen, Apokalypsen, Engel oder Dämonen/Teufel, stellen sie aber in neue symbolische Zusammenhänge und deuten sie neu. Sie sind damit nicht mehr dem ursprünglichen religiösen Symbolsystem, aus dem diese Elemente stammen, verpflichtet und können zu gänzlich neuen, kreativen Ansätzen gelangen. Filme dieser Art können zeigen, wie sehr religiöse Bilder und Grundthemen immer noch die menschliche Kultur und ihr Denken beeinflussen. Hier gibt es interessante Zusammenhänge zwischen den Sehgewohnheiten der Rezipienten und dem Interesse für religiöse Themen: Manfred Pirner weist etwa daraufhin, dass Vorlieben für Mystery- oder Fantasy-Filme und eine positive Einstellung zu Religion korrelieren, weil gerade diese Genres stark aus dem gemeinsamen religiösen Erbe schöpfen.[24]

Filme, die religiöse und menschliche Grunderfahrungen thematisieren, ohne explizit auf religiös definierte Motive zurückzugreifen.
Dieser Bereich bildet die quantitativ größte Kategorie, die man als »religiös relevante Filme« bezeichnen könnte. Sie behandeln menschliche Grundfragen wie Freundschaft, Liebe, Individualität, Freiheit, Zugehörigkeit, Gewalt und Trauer, oder ethische Themen wie Menschenwürde und Gerechtigkeit. Dies sind keine exklusiv religiösen Themen, aber Fragen, die auch zu den Fundamenten des Glaubens und eines christlichen Menschenbildes gehören und entsprechend in den Lehrplänen verankert sind. Diese Filme regen Diskussionen an und fordern zur Auseinandersetzung mit der Lebenswirklichkeit und zu christlichen Antworten auf.

Diese unterschiedlichen Kategorien von Filmen können auf ihre Weise einen Beitrag zum gelingenden Unterricht leisten, sofern ihr Einsatz geplant und sinnvoll in einen Unterrichtszusammenhang gestellt ist. Seit den 1970er-Jahren hat sich ein besonders Verhältnis von Film und Religionsunterricht entwickelt, sodass viele Schüler bereits mit der Erwartung in den Unterricht gehen, Filme sehen zu können. Verbunden ist damit freilich auch die Erwartung des »Nichtstuns«. Aus allen bisher genannten Gründen ist es sinnvoll, diese neue Tradi-

---

24 Vgl. Pirner, Manfred: Religiöse Mediensozialisation, München: Kopäd 2004 (= Medienpädagogik interdisziplinär 3), 71 f.

tion des »Filmschauens« fortzuführen, aber dabei stärker in den Unterricht zu integrieren. Gerade der Religionsunterricht, der sich mit den Grundfragen des Menschseins beschäftigt, und der in einer christlichen Kultur der Bilder, Narrative und Symbole verwurzelt ist, ist für den Film prädestiniert. Es gilt demnach vielmehr, sich aktiv dem Film zuzuwenden und Filmauswahl und -didaktik so zu gestalten, dass der Film auch von den Schülern als sinnvoller Bestandteil des Unterrichts wahrgenommen wird.

2. Voraussetzungen

Bevor Überlegungen zum tatsächlichen Unterrichtsgeschehen und der entsprechenden Filmauswahl stattfinden können, macht es Sinn, über einige Voraussetzungen des Filmeinsatzes im Religionsunterricht nachzudenken. Das betrifft einerseits technische Fragen, andererseits hat die Verwendung von Filmen im Unterricht auch rechtliche Dimensionen, die einer Klärung bedürfen. Schließlich lohnt sich auch ein kurzer Blick auf die kirchliche Auseinandersetzung mit dem Thema Film, da der Religionsunterricht im Auftrag der Kirche stattfindet.

2.1 Technische Voraussetzungen

Technische Vorüberlegungen sind eine wichtige Voraussetzung für den gelungenen Filmeinsatz im Unterricht. Kaputte Audiokabel, unlesbare Dateiformate und beschädigte Videobänder haben schon so manche kreative Unterrichtsidee im Keim erstickt. Daher ist es sinnvoll, Überlegungen im Hinblick auf Datenträger, die Ausstattung der Klassenzimmer sowie deren aktuellen Zustand anzustellen.

Datenträger/Datenformate
Nach der Dominanz der Videokassette haben sich mittlerweile digitale Formate durchgesetzt. Film-DVDs, Blu-Ray-Discs, auf Festplatten, DVDs oder CD-ROMs abgespeicherte Videodateien und Internet-Streams sind nunmehr die bevorzugten Mittel der Wahl. Welche Datenträger und -formate eingesetzt werden, hängt in erster Linie von ihrer Verfügbarkeit, ihrer Praktikabilität und der technischen Ausstattung der Schule ab.

Videokassette
Die VHS-Kassette war von 1980 bis Anfang der 2000er-Jahre im privaten Bereich das gängige Speichermedium für Filme aller Art. Diesen Status hat sie mittlerweile vollkommen eingebüßt. Begrenzte Bild- und Tonqualität, Abnutzung durch oftmaliges Anschauen, das aufwendige Vor- und Zurückspulen und

andere technische Nachteile haben zur ihrer Ablösung durch die DVD geführt, die in all diesen Punkten erhebliche Vorteile aufweist. Die einzigen Argumente für den Einsatz von VHS-Kassetten heute sind das Vorhandensein von umfassenden Filmsammlungen aus früheren Jahren oder der Mangel an anderen Abspielgeräten an der Schule. Moderne Sehgewohnheiten, die Konzentration der Schulen auf digitale Medien und die schon erwähnten Nachteile im praktischen Gebrauch sprechen jedoch klar dagegen.

Wer nicht auf seine VHS-Sammlungen verzichten will, hat die Möglichkeit, diese zu digitalisieren. Für größere Sammlungen lohnt sich hier die Anschaffung eines VHS-DVD-Rekorders, der eine Direktkopie von VHS auf DVD ermöglicht. Günstiger sind sogenannte AD-Wandler, die das analoge Signal eines VHS-Players in ein digitales Format umwandeln und über USB-Anschluss auf einen Computer übertragen. Das Video liegt dann in einem digitalen Videoformat vor. Als dritte Variante bieten schließlich manche digitalen Camcorder die Möglichkeit, VHS-Signale digital zu verarbeiten. Ob und wie diese Funktion verfügbar ist, lässt sich im jeweiligen Handbuch nachlesen.

Film-DVD

Der legitime Nachfolger der VHS-Kassette ist die DVD (Digital Versatile Disc). Exzellente Bild- und Tonqualität, Robustheit, die Verfügbarkeit verschiedener Sprachversionen, Untertitel, das Vorhandensein von Bonusmaterial und weitere nützliche Funktionen (Kapiteleinteilung, Zoom uvm.) sind ausreichende Gründe dafür, diesem Medium auch im Unterricht den Vorzug zu geben. Schulen verfügen heute meist nicht nur über DVD-Player, sondern auch über PCs mit DVD-Laufwerk und Videobeamer, sodass die technische Ausstattung des Klassenzimmers sofort genutzt und ein kleines Kinoerlebnis geboten werden kann.

Ein Nachteil der DVD sind Ländercodes: Sämtliche DVDs sind mit Ländercodes signiert, die mit dem Ländercode des Abspielgerätes übereinstimmen müssen (eine Ausnahme ist der Ländercode 0, der die Nutzung freistellt). In anderen Regionen der Welt gekaufte DVDs können daher möglicherweise nicht abgespielt werden. Entsprechende Manipulationen am Abspielgerät sind möglich, können jedoch zu Garantieverlust führen. Darüber hinaus stellt das DVD-Laufwerk eines PCs eine zusätzliche Fehlerquelle dar, die man mit dem Einsatz von Videodateien (s. u.) vermeiden kann.

Blu-Ray-Disc

Die Blu-Ray-Disc ist ein neues digitales Medium, welches die DVD als Standard ablösen wird. Sie besitzt neben allen anderen Vorzügen der DVD dieser gegenüber eine erheblich gesteigerte Datenrate und Speicherkapazität. Eine Blu-Ray-

Disc bedarf jedoch eigener Abspielgeräte bzw. Computerlaufwerke, deren Vorhandensein derzeit nirgends vorausgesetzt werden kann. So lange entsprechende Lesegeräte nicht weiter verbreitet sind, eignet sie sich daher bis auf weiteres nicht für den allgemeinen Einsatz im Unterricht. Auch für Blu-Ray-Discs existieren Ländercodes, die Mehrheit wird jedoch ohne diese Codierung hergestellt.

Videodateien

Eine digitale Alternative zu DVDs und Blu-Ray-Discs sind Videodateien, die von einem PC und auch von vielen neueren Fernsehern abgespielt werden können. Als Datenträger können hier die lokale Festplatte, der Schulserver, externe Festplatten oder USB-Sticks sowie Daten-DVDs oder Daten-CD-ROMs dienen. Die Vorteile liegen auf der Hand: Auf Festplatten können eine Vielzahl an Filmen gespeichert werden, sodass die Filmsammlung stets zur Hand ist. Durch die direkte Übertragung mittels USB-Schnittstelle am PC oder Fernseher vermeidet man das DVD-Laufwerk als zusätzliche Fehlerquelle. Auch eine Weiterverarbeitung (Schnitt etc.) ist bei Videodateien sofort möglich.

Videodateien lassen sich entweder bei entsprechenden Anbietern legal erwerben und herunterladen oder können selbst aus gekauften DVDs oder Blu-Ray-Discs erstellt werden. Für diesen Zweck steht eine Vielzahl an Programmen zur Verfügung, etwa CloneDVD, Dvd::rip, K9Copy oder ImgBurn. Das Erstellen einer solchen Privatkopie für den Unterricht ist im österreichischen Recht durch § 42 Abs. 4 UrhG[1] freigestellt, in Deutschland gestattet § 52 Abs. 1 UrhG[2] das Erstellen einer Kopie für private Zwecke. Es ist jedoch darauf zu achten, dass dabei kein aktiver Kopierschutz umgangen wird.

Nicht jede Videodatei lässt sich jedoch automatisch auch auf einem PC abspielen. Ein sogenanntes »Containerformat« (z. B. »avi« oder »mp4«) sagt noch nichts darüber aus, mit welchem Verfahren die Bild- und Tondateien erstellt wurden. Um auf Nummer sicher zu gehen, ist hier besonders die Installation des *VLC media player* empfohlen. Dieses freie Programm wird von einem Projekt der französischen Ingenieurschule *École Centrale Paris* entwickelt, kann nahezu alle gängigen Video- und Audioformate wiedergeben und verfügt über zahlreiche praktische Funktionen wie das Erstellen von Screenshots.

---

1   »Jede natürliche Person darf von einem Werk einzelne Vervielfältigungsstücke auf anderen als den in Abs. 1 genannten Trägern [Papier] zum privaten Gebrauch und weder für unmittelbare noch mittelbare kommerzielle Zwecke herstellen.«

2   »Zulässig sind einzelne Vervielfältigungen eines Werkes durch eine natürliche Person zum privaten Gebrauch auf beliebigen Trägern, sofern sie weder unmittelbar noch mittelbar Erwerbszwecken dienen, soweit nicht zur Vervielfältigung eine offensichtlich rechtswidrig hergestellte oder öffentlich zugänglich gemachte Vorlage verwendet wird.«

Internet-Streams

Ein Sonderfall von Videodateien sind Streams. Hier handelt es sich um Dateien aus einem Netzwerk, im Speziellen dem Internet, die heruntergeladen und gleichzeitig mithilfe eines Browsers oder Medienprogramms abgespielt werden – das Videoportal *YouTube* ist das bekannteste Beispiel. Hier wird gänzlich auf den Einsatz von externen Datenträgern verzichtet, sondern über Internet direkt auf die Dateien zugegriffen.

Es ist einerseits möglich, selbst Dateien hochzuladen um später im Unterricht auf diese zugreifen zu können, andererseits können Streams von Fremdanbietern verwendet werden. Im ersten Fall ist dies rechtlich unproblematisch, sofern die Dateien nicht öffentlich zugänglich gemacht werden (wie dies etwa beim Filesharing geschieht). Im zweiten Fall begibt man sich in eine rechtliche Grauzone: Es ist nicht legal, eine offensichtlich rechtswidrig zur Verfügung gestellte Datei im Unterricht zu zeigen. Es ist dabei jedoch unklar, wie weit es jemandem zumutbar ist, auch zweifelsfrei zu erkennen, ob ein Video unrechtmäßig hochgeladen wurde. Aufgrund dieser rechtlichen Unklarheit sollte von fragwürdigen Internetquellen abgesehen werden.

Zusätzlich zu den rechtlichen Bedenken sprechen weitere Gründe gegen den Einsatz von (fremden) Internet-Streams: Aufgrund der beschränkten Übertragungskapazitäten werden in der Regel Videos von minderer Bild- und Tonqualität online gestellt. Man begibt sich in Abhängigkeit von einer funktionierenden Internetverbindung, die zudem aufgrund der großen Datenmengen unlimitiert sein muss.

Vorführgeräte

Je nach verwendetem Medium und technischer Ausstattung der Schule bietet sich für die Filmvorführung entweder die Kombination VHS-/DVD-Player mit Fernseher (meist in sogenannten »Medienwagen«) oder PC mit Videoprojektor (»Beamer«) an. Zu bevorzugen ist hier natürlich die zweite Variante, da ein »Kinoerlebnis« simuliert werden kann, welches Bild und Ton eines Films weitaus wirkungsvoller zur Geltung bringt als Fernsehgeräte. Glücklicherweise werden immer mehr Klassenzimmer mit Leinwand, Projektor, Lautsprechern und PC ausgestattet, was die Filmvorführung verbessert und erleichtert. Es empfiehlt sich, in der Stunde vor dem geplanten Filmeinsatz die Geräte zu überprüfen. Unmittelbar vor dem Filmeinsatz müssen auch die Kabel als »Achillesferse« des technischen Systems geprüft werden. Immer wieder kommt es vor, dass Schüler Audiokabel ausstecken (etwa um MP3-Player über die Klassenlautsprecher abzuspielen) oder Netzwerk-, VGA- oder HDMI-Kabel nicht ordentlich eingesteckt sind. Sollte trotzdem kein Ton abgespielt werden, ist möglicherweise im Betriebssystem (meist Windows) der Audioausgang auf lautlos gestellt. Bei Unklarheiten wissen zudem technisch versierte Schüler oft gut Bescheid und können um Hilfe gebeten werden. Richtet ein Schüler in einem solchen Fall jedoch noch mehr Schaden an, kann dies von der Schule auch als schuldhaftes Verhalten der Lehrperson ausgelegt werden, die einem Schüler die Manipulation schulischer Geräte erlaubt hat. Falls sich ein Fehler nicht beheben lässt, sollte er auch im Hinblick auf die Kollegen umgehend gemeldet werden.

Dieselben Überprüfungen gelten auch für die Fernseher-Kombination: Sind Stromkabel angeschlossen, DVD-Player und Fernseher miteinander verbunden, Fernbedienungen vorhanden usw.?

2.2 Rechtliche Voraussetzungen

Für den Einsatz von Filmen im Unterricht sind vor allem drei Rechtsbereiche relevant: Das Urheberrechtsgesetz, das Schul- und Unterrichtsgesetz, sowie das Jugendschutzgesetz. Alle drei müssen bei der Filmauswahl, der Unterrichtsvorbereitung und dem Einsatz des Mediums beachtet werden.

Deutsches Urheberrecht

Das Urheberrecht in engeren Sinn schützt eigentümliche geistige Schöpfungen auf den Gebieten der Literatur, Musik/Tonkunst, der bildenden Künste und der Filmkunst. Für gewerbsmäßig hergestellte Filme stehen diese Urheberrechte in der Regel den Produktionsfirmen zu. Der Urheber hat dabei Anspruch auf die Verwertungsrechte im Hinblick auf Vervielfältigung, Verbreitung, Sendung, Vortrag, Aufführung/Vorführung und Zurverfügungstellung.[3] Für den Einsatz von Filmen im Unterricht sind hier mehrere Aspekte relevant: das Anfertigen von Sicherheitskopien, die Weitergabe von Filmen an Kolleginnen und Kollegen, und vor allem das Vorführen eines Films im Klassenverbund einerseits und bei schulischen Veranstaltungen andererseits.

Im Unterschied zu Österreich gibt es in Deutschland keine urheberrechtlichen Vereinbarungen zwischen Schulerhaltern und den Verwertungsgesellschaften. Die Möglichkeit, einen privat erworbenen oder privat ausgeliehenen Film in der Schule zu zeigen, ist damit eingeschränkt und nicht hundertprozentig juristisch abgesichert. Der Angelpunkt in dieser Frage ist die Interpretation von § 15 des UrhG: Dieser gewährt dem Urheber des Films das Recht auf »öffentliche Zugänglichmachung«. Abs. (3) definiert danach »Öffentlichkeit« als Konstellation, in der jener, der das Werk verwertet, und jene, denen es zugäng-

---

3   Vgl. §§ 14 bis 18a UrhG (Österreich) bzw. parallel § 15 UrhG (Deutschland).

lich gemacht wird, nicht allesamt durch persönliche Beziehungen miteinander verbunden sind.

Damit sind klassenübergreifende oder gesamtschulische Filmvorführungen ausgeschlossen, während die Vorführung innerhalb einer Klasse zur Debatte steht: Die entscheidende Frage ist, ob es sich bei einem Klassenlehrer mitsamt seiner Klasse um eine Gruppe handelt, in der alle miteinander durch persönlichen Beziehungen verbunden sind. Dies ist nicht eindeutig ausjudiziert und kann in Einzelfällen unterschiedlich interpretiert werden. Das Bundesministerium der Justiz (BMJ) geht jedoch in einem Kommentar davon aus, dass »Wiedergaben im Schulunterricht innerhalb des engen Klassenverbandes fast immer nicht öffentlich« und damit zulässig sind.[4] Das regelmäßige Beisammensein von Schülern untereinander und mit ihren Lehrpersonen wird als Etablierung persönlicher Bindungen und damit als Form von Privatheit anerkannt. So lange also ein legal erworbener Film von einem Klassenlehrer innerhalb eines Klassenverbandes gezeigt wird, ist dies nach derzeitiger Lage zulässig. Diese Interpretation ist freilich nicht juristisch wasserdicht, und bei Kurssystemen könnte man vorhandene persönliche Bindungen bereits anzweifeln. Ob die erlaubte Vorführung auch für Rundfunkaufzeichnungen gilt, ist ebenso unklar. Auch die Speicherung eines Films auf virtuellen Plattformen liegt in einem Graubereich aus öffentlich und nicht-öffentlich und sollte daher im Zweifelsfall vermieden werden.

Völlig unproblematisch ist dagegen die Nutzung von Filmen, die sich im Verleih eines kommunalen oder kirchlichen Medienzentrums befinden und den Hinweis tragen, dass sie für Zwecke nicht-gewerblicher Bildungsarbeit öffentlich vorgeführt werden dürfen, da hier entsprechende Rechtsvereinbarungen bestehen.

Österreichisches Urheberrecht[5]

Mit der Änderung von § 56c des Urheberrechtsgesetzes im Jahre 2003 wurden in Österreich urheberrechtliche Fragen für den Schulunterricht geklärt und die Möglichkeiten des Filmeinsatzes stark erweitert. Das österreichische Bundesministerium für Bildung, Wissenschaft und Kultur hat hier mit den Verwertungsgesellschaften eine vertragliche Vereinbarung getroffen, die für die Wiedergabe von Filmen an Schulen eine jährliche pauschale Abgeltung vorsieht und damit

---

4   http://www.bmj.de/DE/Buerger/wirtschaftHandel/ReformUrheberrecht/_doc/Themenkomplex_Schule_und_Urheberrecht_doc.html?nn=1463554.
5   Vgl. Fankhauser, Rainer: »Urheberrechtsgesetz (§ 56c). Wiedergabe von Filmen im Unterricht«, in: http://www.tirol.gv.at/fileadmin/www.tirol.gv.at/themen/bildung/einrichtungen/medienzentrum/downloads/rundschreiben-nr-20-2004-urheberrecht.pdf

den Einsatz von Filmen jeder Art im Unterricht mit wenigen Einschränkungen ermöglicht.

Diese pauschale Abgeltung umfasst in erster Linie nur Schulen, bei denen der Bund auch Schulerhalter ist, also grundsätzlich alle öffentlichen mittleren und höheren Schulen und höhere Land- und forstwirtschaftliche Lehranstalten, *nicht* jedoch öffentliche Pflichtschulen und Berufsschulen! Auch Privatschulen werden von diesem Vertragsschluss nicht berührt, sofern der Bund nicht in den Organen des Schulerhalters vertreten ist.

Das Vorführungsrecht gilt nicht nur für den Klassenunterricht, sondern auch für Schulveranstaltungen und schulbezogene Veranstaltungen. Es ist also auch möglich, einen Filmabend o. ä. zu organisieren und themeneinschlägige Filme oder Dokumentationen zu zeigen, sofern ein klarer Bezug zum Unterricht vorliegt. Nicht erfasst sind hingegen Filmvorführungen, die im Rahmen von Feiern, Jubiläen oder Elternabenden stattfinden oder nicht von der Schule selbst organisiert werden (sondern z. B. vom Elternverein oder von Schülern selbst).

Die Vereinbarung mit den Verwertungsgesellschaften bezieht sich auf sämtliche Filmkategorien und Trägermaterialien. Ebenso ist es unerheblich, ob die Filme im Handel gekauft oder im Rundfunk und Fernsehen aufgezeichnet wurden, solange sie nicht aus illegalen Quellen stammen. Weiter wird ausdrücklich gestattet, Filme für Unterrichtszwecke zu vervielfältigen. Es ist also möglich, den Unterrichtseinsatz mit einer Sicherheitskopie oder einer erstellten Videodatei zu bestreiten. Kopien sind jedoch nur im gerechtfertigten Ausmaß zulässig und nur dann, wenn dabei kein Kopierschutz umgangen wird. Da für das Vorführen eines Films in der Regel eine Kopie ausreicht, beschränkt sich die Kopiererlaubnis auf ein Exemplar.

Im privaten Bereich können Kopien auch an Dritte weitergegeben werden, sodass die Entlehnung an einen Kollegen zulässig erscheint. Unklar ist jedoch der Upload eines Films auf einen Schulserver.

All diese Freiheiten im Schulgebrauch gelten jedoch (paradoxerweise) nicht für sogenannte »Schulfilme«, die speziell zum Schul- und Unterrichtsgebrauch hergestellt wurden. Diese dürfen weiterhin nur mit Zustimmung der Berechtigten vorgeführt werden, was in der Regel dann der Fall ist, wenn man die Filme von einer Medienstelle bezieht, die die Rechte an der Filmvorführung vertraglich erworben hat.

Checkliste zum Urheberrecht[6]

- Soll eigenes oder fremdes Material im Unterricht verwendet werden?
- Wenn fremdes Material verwendet wird, ist dieses überhaupt urheberrechtlich geschützt?
- Wenn ja, greife ich durch die geplante Nutzung in das Urheberrecht ein?
- Wenn ja, ist die geplante Nutzung ausnahmsweise gesetzlich erlaubt (durch eine Lizenz oder freie Werknutzung)?
- Wenn nein, wer kann die geplante Nutzung erlauben und wie muss die vertragliche Lizenz ausgestaltet sein?

Insgesamt ist die Gesetzgebung zum Urheberrecht durch die neuen Medien sehr grauschattiert. Die rechtlich sicherste Variante ist daher die Nutzung einer gekauften DVD, eines legalen Downloads oder eines Rundfunkmitschnitts.

Schul- und Unterrichtsgesetz in Österreich

Am 31. Januar 2012 wurde vom österreichischen Bundesministerium für Unterricht, Kunst und Kultur ein Grundsatzerlass zur Medienerziehung verabschiedet, in dem die schulische Auseinandersetzung mit Medien ausdrücklich gefordert wird: »Wenn nun die reflektierende Begegnung und Auseinandersetzung mit Wirklichkeiten ein grundlegender Bestandteil von Pädagogik ist, dann ergibt sich daraus der Schluss, dass Medienpädagogik die gesamte Pädagogik wesentlich stärker durchdringen soll. Pädagogik muss gleichzeitig auch Medienpädagogik sein.«[7] Entsprechend wird Mediendidaktik als verbindlicher Teil der PädagogInnenbildung ebenso gefordert wie entsprechende Seminare und Fortbildungsveranstaltungen über den Einsatz von audiovisuellen Unterrichtsmitteln. Damit ist zunächst klargestellt, dass der Einsatz von Filmen im Unterricht nicht pädagogisch fragwürdig oder eine bloße Bequemlichkeit ist, sondern im Gegenteil einen unverzichtbaren Bestandteil im schulischen Gesamtkonzept darstellt.

Es geht jedoch wesentlich um das »Was« und »Wie«: Die Auswahl und der Umgang mit Filmen im Unterricht ist durch den Lehrplan und entsprechende didaktische Überlegungen bestimmt, was natürlich nicht nur für Filme, sondern sämtliche Unterrichtsmaterialien gilt. Grundsätzlich kann jeder Film im Schulunterricht gezeigt werden, sofern ein ausreichender Bezug zum Lehrplan

---

6   Haller, Albrecht: Urheberrecht – 30 häufig gestellte Fragen (FAQ) samt Antworten und einer kleinen Check-Liste, in: http://www.bmukk.gv.at/medienpool/15917/faq_haller.pdf.

7   Erlass des Bundesministeriums für Bildung, Wissenschaft und Kultur BMUKK-48.223/0006-B/7/2011, Rundschreiben Nr. 04/2012, 1, in: http://www.bmukk.gv.at/medienpool/5796/medien erziehung.pdf

und/oder den Kompetenzorientierungen der Schulart gegeben ist. Die Lehrperson hat sich dabei persönlich von der Geeignetheit des Films zu überzeugen.[8] Damit ist aber auch klar, dass es weder im Unterricht noch in Vertretungsstunden zulässig ist, Filme zu bloßen Unterhaltungszwecken zu zeigen. Hierbei werden nicht nur lehramtliche Pflichten, sondern auch die mit den Urheberrechtsgesellschaften geschlossenen Verträge (s. o.) verletzt.

Jugendschutz in Deutschland

Das deutsche Jugendschutzgesetz widmet sich in den Paragrafen 11 bis 15 der Zugänglichmachung von Medien für Jugendliche. Für den Unterricht, der in der Regel nicht als öffentliche Vorführung gilt, ist dabei vor allem § 12 (3) zu beachten, der auch im privaten Bereich das Zeigen von Filmen, die nicht oder mit dem Hinweis »keine Jugendfreigabe« gekennzeichnet sind, untersagt. Außerdem relevant ist § 14 über die Kennzeichnung von Film- und Spielprogrammen, der vorsieht, dass Filme eine Kennzeichnung der Altersstufe aufweisen müssen, ab der der Film als unbedenklich gelten kann. Dies bedeutet jedoch noch nicht automatisch eine Eignung für ein bestimmtes Alter: Altersfreigaben legen lediglich fest, dass für die entsprechende Altersgruppe durch die Rezeption des Films im Regelfall keine Beeinträchtigung oder Schädigung zu erwarten ist, stellen jedoch keine Empfehlung für dieses Alter dar.[9]

Auf dem Cover gekaufter DVDs findet sich meist ein Hinweis der *Freiwilligen Selbstkontrolle der Filmwirtschaft*[10] (FSK) auf die Altersfreigabe eines Films ab 0, 6, 12, 16 oder 18 Jahren. Die FSK orientiert sich bei ihren Bewertungen am Jugendschutzgesetz sowie an ihren eigenen Prüfkriterien, die vor allem die kognitiven und emotionalen Fähigkeiten der jeweiligen Altersgruppe betreffen, die Erfahrung im Umgang mit Medien, die Darstellung von Gewalt und Sexualität und die Wertevermittlung im Hinblick auf Drogen, Geschlechterrollen oder politische Ideologien. Die Angaben der FSK sollten für den Unterricht verbindlich sein, sofern aber eine ausreichende didaktische Begleitung vorliegt, kann in pädagogisch begründeten Ausnahmefällen von der Alterskennzeichnung leicht abgewichen werden. Es ist jedoch geboten, sich in diesem Fall das

---

8 Vgl. § 14 SchUG, i. B. Absätze (2) und (4).
9 Vgl. Wörther, Matthias: Spielfilm im Unterricht. Didaktik, Anregungen, Hinweise, in: muk-publikationen 29 (2005), 15.
10 http://www.fsk.de. Die Angaben der FSK lassen sich auch auf der Website www.filmportal.de recherchieren.

Einverständnis der Schüler (oder der Eltern) einzuholen und auf problematische Szenen hinzuweisen.[11]

Jugendschutz in Österreich

Nach § 14 (2) des SchuG (Ö) müssen die verwendeten Unterrichtsmittel »für
die Schüler der betreffenden Schulstufe geeignet« sein. Auch bei in Österreich
gekauften Filmen findet sich der Hinweis der deutschen FSK auf die Altersfreigabe, da es sich nicht auszahlen würde, für den kleinen österreichischen Markt
eigene Cover herzustellen. Zusätzlich wurde im Jahr 2001 vom österreichischen
Bundesministerium für Unterricht, Kunst und Kultur (BMUKK) als Nachfolge-
rin der Jugendfilmkommission die *Jugendmedienkommission* (JMK) eingerich-
tet, die seit damals eigene Filmbewertungen und -empfehlungen für Österreich
herausgibt, die zum Teil von denen der FSK abweichen. Auch diese Bewertungen sind für die einzelnen Bundesländer rein rechtlich nicht verbindlich, werden aber in der Praxis beachtet und regelmäßig übernommen. Die Bewertungen und Empfehlungen der JMK orientieren sich an der Länge des Films, am
religiösen Empfinden und der psychisch-emotionalen, geistig-kognitiven und
ethisch-moralischen Verfassung der jeweiligen Altersgruppe sowie der staats-
bürgerlichen Haltung der Filminhalte. In der Online-Filmdatenbank der JMK
können diese Bewertungen für eine Vielzahl an Filmen, die ab dem Jahr 2000
erschienen sind, abgerufen werden. Auch die Kriterien für die jeweilige Altersstufe werden in einer online verfügbaren Broschüre offengelegt. Hilfreich ist
hier die Differenzierung zwischen einer Alterskennzeichnung, die lediglich die
Gefahrlosigkeit des Films ausdrückt, und einer Positivkennzeichnung für ein
bestimmtes Alter, die eine ausdrückliche Empfehlung darstellt. Soweit ein Film
nach dem Jahr 2000 erschienen ist, wurden diese Einstufungen für die Filmvor-
stellungen in diesem Buch berücksichtigt.

Es ist sinnvoll, sich grundsätzlich an den Kennzeichnungen der FSK und
JMK zu orientieren. Auch hier kann in Ausnahmefällen von der Alterskennzeichnung leicht abgewichen werden. Da sowohl FSK als auch JMK lediglich
Empfehlungen abgeben und Untergrenzen nennen, entbinden sie die Lehrperson nicht von der Verantwortung, sich selbst von der Geeignetheit des Films
zu überzeugen, d. h. die Lehrperson sollte den Film vor dem Unterrichtseinsatz
auf jeden Fall schon gesehen haben.

---

11 Vgl. Bundesprüfstelle für jugendgefährdende Medien: »Info Filmvorführungen in Schulen«,
    in: http://www.jugendschutz-niedersachsen.de/wordpress/wp-content/uploads/2010/07/Film-
    einsatz-im-Unterricht.pdf.

2.3 Kirchliche Voraussetzungen

Schließlich schadet es nicht, im Religionsunterricht auch die Prämissen mit zu bedenken, welche von Seiten der Katholischen bzw. Evangelischen Kirche kommen. Nachdem sich der Film langsam zu einem Massenmedium entwickelte, begann eine verstärkte kritische Aufmerksamkeit der Kirchen für die Filmkunst, welche im Extremfall bis zur Zensur reichte. Mit der Enzyklika *Miranda prorsus* nahm Papst Pius XII. 1957 erstmals hochoffiziell zum neuen Medienzeitalter Stellung und betonte die pädagogische Funktion von Film, Funk und Fernsehen. Zugleich forderte er jedoch auch die besondere Beachtung der altersadäquaten Filmauswahl. Evangelische Landeskirchen und die katholischen Diözesen begannen in dieser Zeit, eigene Bildstellen und Medienzentren zu errichten, »da offensichtlich die kommunalen Bildstellen die kirchlichen Belange (Beratung, theologische und religionspädagogische Grundlagen und Bereitstellung fachspezifischer Filme) nicht im gewünschten Umfang befriedigen konnten«.[12]

Das Konzilsdokument *Inter mirifica* widmete sich ebenso den sozialen Kommunikationsmitteln und trug die Auseinandersetzung mit ihnen in den pastoralen Alltag und auch in die Schule, sie sollten »im Grundsätzlichen wie in ihrer praktischen Handhabung auch im Religionsunterricht behandelt und erläutert werden.« (16) Die Auseinandersetzung mit Medien und ihrem Gebrauch wurde damit zu einem Grundbestandteil des Religionsunterrichts! Das Schreiben *Ethik in der sozialen Kommunikation* (2000) unterstrich erneut die Notwendigkeit einer Medienerziehung in den Schulen und Bildungsprogrammen der Kirche, und Benedikt XVI. forderte schließlich im Jahr 2007 in seiner Botschaft zum 41. Welttag der Sozialen Kommunikationsmittel, »die Pfarrei und Schulprogramme der Kirche sollten heute in der Medienerziehung führend sein«[13].

Die Evangelische Kirche Deutschlands hat über das Programm »Kirche und Kino« ebenso eine intensive Filmarbeit begründet, und ist heute in der FSK engagiert, gibt regelmäßig Filmbewertungen heraus, organisiert Veranstaltungen und bietet medienpädagogische Beratung und Fortbildung an, wenngleich Martin Dellit bemerkt, dass sich die traditionell vom Wort geprägte evangeli-

---

12 Kleefeld, Ralf/Ehlers, Klaus/Dellit, Martin: Film und Bildung. Vom pädagogischen Wert des Films für die Kirche, in: Ammon, Martin/Gottwald, Eckart (Hg.): Kino und Kirche im Dialog, Göttingen 1996, 138–152, 139.

13 Benedikt XVI.: »Kinder und Soziale Kommunikationsmittel: eine Herausforderung für die Erziehung«, in: http://www.vatican.va/holy_father/benedict_xvi/messages/communications/documents/hf_ben-xvi_mes_20070124_41st-world-communications-day_ge.html.

sche Kirche mit dem Bild, und erst Recht mit dem bewegten Bild, immer schon etwas schwerer tat.[14]

Insgesamt lässt sich aber eine immer intensivere und auch zunehmend ökumenische Auseinandersetzung beider Kirchen mit dem Thema Medien bzw. Film im Besonderen feststellen.

Für den Religionsunterricht bedeutet dies einerseits eine klare Forderung nach einer reflektierten Auseinandersetzung im Umgang mit Medien, aber auch ein Bekenntnis zum Film als Mittel zur Erschließung menschlicher Sinndimensionen, das Fragen aufwerfen kann und Aspekte des Glaubens, des Menschseins und der Gesellschaft eindringlich vermitteln kann. Einen sinnvollen Umgang und eine ebensolche Auswahl vorausgesetzt lässt sich auch aus kirchlicher Sicht der Filmeinsatz im Religionsunterricht nur begrüßen.

---

14 Vgl. Kleefeld/Ehlers/Dellit, Film und Bildung, 151.

3. Filmdidaktik im Religionsunterricht

Dieses Kapitel widmet sich der praktischen Arbeit mit Filmen im Unterricht. Es ist an ein idealtypisches Stundenkonzept angelehnt, das Hans Schmid in seinem Buch »Die Kunst des Unterrichtens. Ein praktischer Leitfaden für den Religionsunterricht« vorstellt, auch wenn es nicht allen Vorschlägen genau folgt. Schmid strukturiert die einzelne Schulstunde in die Elemente Vorbereitung – Motivation – Erarbeitung – Sicherung und Vertiefung – Ausdruck – Ausklang. Dieses Schema wird beibehalten, aber von der einzelnen Stunde auf die gesamte Auseinandersetzung mit dem Film ausgeweitet, was zwar nicht im Sinne Schmids ist, aber mir für die Struktur dieses Kapitels sinnvoll erscheint. Zunächst werden einige Vorüberlegungen zu Film im Unterricht und zur Auswahl des richtigen Films angestellt, dann Motivationsfaktoren des Films beschrieben, und schließlich Varianten der Vorführung, Analyse und kreativen Weiterarbeit mit Film im Unterricht vorgeschlagen. Dabei gilt: Es gibt keine allgemein gültige Methode, um Film im Unterricht zu behandeln, Methoden und Schwerpunktsetzungen hängen vielmehr vom jeweiligen Film, den Fähigkeiten der Schüler und eigenen Erfahrungen ab, und sind wie so vieles im Unterricht auch einfach Übungssache.

3.1 Vorbereitung

Das Medium »Film« im Unterricht

Vor dem Hintergrund einer Mediengesellschaft »steht die Frage, *ob* Filme in den Unterricht Eingang finden sollen, nicht zur Disposition. Sie kann sich realistischerweise nur auf das *Wie* des verantwortlichen Umgangs beziehen.«[1] Das »Filmschauen« ist dabei geradezu zu einer besonderen Eigenart des Religionsunterrichts geworden und aus diesem kaum wegzudenken. Das erscheint auch

---

1 Schmid, Hans: Ein Grundmodell des Umgangs mit Filmen, in: Schmid, Hans: Die Kunst des Unterrichtens. Ein praktischer Leitfaden für den Religionsunterricht, München 2012, 183–200, 186.

sinnvoll für einen Religionsunterricht, der den Anspruch stellt, an der Lebenswelt der Schüler anzudocken. Spielfilme sind allerdings, im Unterschied zu anderen Materialien, nicht eigens für den Schulunterricht gemacht und bringen eine
Eigendynamik mit, die man in der Vorbereitung im Blick haben sollte. Es ist
nie ganz möglich, einen Film völlig in den Dienst einer thematischen Sache zu
stellen: Spielfilme entziehen sich dem Stundenschema der Schule, sie erschei-
nen als »totales Medium« aus bewegten Bildern, Sprache, Musik und Narration,
die auf Gefühle, Empfindungen, ja Überwältigung abzielen und daher unerwar-
tete und unterschiedliche Reaktionen auslösen können. Während bei anderen
Medien der Rezipient das Tempo vorgibt und innere Wahrnehmungsprozesse
und Fantasie eine Rolle spielen, dominiert beim Film die äußere Welt die innere
Erlebenswelt des Rezipienten. Filme stellen sich nicht einfach der rationalen Auseinandersetzung und Analyse, sondern zielen auf den Menschen als Ganzes, auf
seine Gefühle, aber auch auf seinen Körper, der ein nicht zu vernachlässigender
Bestandteil der Filmerfahrung ist: Zittern, Herzklopfen, Erregung, Tränen sind
(gewollte) körperliche Erfahrungsformen des Filmerlebens.

Daraus folgt, dass Filme das Unterrichtserleben nicht zuletzt um diese emotionalen Bestandteile sinnvoll erweitern, zur Anschaulichkeit beitragen und
fremde Erfahrungen und Fiktionen bis zu einem gewissen Grad nachvollziehbar machen. Sie können nicht allein kognitiv erfasst oder beschrieben werden
und »bieten daher vielfache Möglichkeiten des intuitiven, eigenen Erlebens,
Erfahrens und Entdeckens«.[2] Der filmische »Mehrwert« und seine dominante
Struktur setzen aber dem vernünftigen Einsatz im Unterricht auch Grenzen. Weil
sich die Schüler den Bildern, dem Tempo und den Narrativen anpassen müssen,
führen Filme über lange Sicht zu einer Ermüdung und drängen den Rezipienten in die Passivität. »Deshalb ist es eine problematische Strategie, wenn über
Wochen im Unterricht Filme gezeigt werden, in der Hoffnung, so die Schüler
von heute noch bei der Stange halten zu können. Ein Irrtum, denn genau das
Gegenteil ist der Fall: Nichts ist anstrengender und auf Dauer auch langweili-
ger als ein zur ›Filmvorführstunde‹ degenerierter Religionsunterricht.«[3] Filme
sind eine ansprechende und vielschichtige Grundlage von Lernprozessen, aber
kein Unterrichtskonzept.

Aber nicht nur filmspezifische, sondern auch soziale Dimensionen der Film-
rezeption sind zu bedenken. Filme sind Gesprächsstoff und Zitatenschatz, das
Kino ist ein Ort der Gemeinschaftserfahrung. Die klassischen Arten, einen

---

2   Tiemann, Manfred: Bibel im Film. Ein Handbuch für Religionsunterricht, Gemeindearbeit
    und Erwachsenenbildung, Stuttgart 1995, 15.
3   Schmid, Ein Grundmodell des Umgangs mit Filmen, 188.

Film zu sehen, sind der Kinobesuch und das private Schauen alleine oder mit Freunden/Familie. Während beim Kinobesuch das gemeinsame »Ausgeliefertsein« an den Film vorherrscht, sind die Rezipienten beim privaten Sehen die Herren des Geschehens: Man spricht während des Films, drückt auf »Pause«, geht weg oder bricht bei Nichtgefallen einfach ab. Wird ein Film im Unterricht gezeigt, steht man zwischen diesen beiden Polen. Zwar fehlt die Besonderheit des Kinoraumes – es ist schließlich der alltägliche, gewöhnliche Klassenraum – aber durch Beamer, Leinwand und Verdunkelung eines vollbesetzten Raumes lässt sich doch ein Teil des Kinoerlebens simulieren. Gleichzeitig gibt es aber auch private Elemente: Die Kontrolle des Films ist über den Umweg der Lehrperson weiter möglich, und auch das spontane Kommentieren oder Sich-Austauschen mit dem Sitznachbarn wird eher vorkommen als im Kino. Daher ist durchaus auch mit »Störungen« zu rechnen, weil trotz der Kinosimulation der soziale und räumliche Kontext der Schulklasse überwiegt. Zusätzlich können die Reaktionen der anderen das individuelle Erleben des Films stark prägen, denn emotionale Reaktionen sind ansteckend: Die Erheiterung der Mehrheit kann auch den Einzelnen zum Lachen bringen, selbst wenn er den Film nicht als komisch empfindet, umgekehrt beeinträchtigen gelangweilte oder negative Reaktionen in der Klasse das Filmerlebnis des Einzelnen.

Filme sind also weder zeitlich noch von ihrer Vorführweise für die Schule bestimmt, sondern bringen eine mediale und soziale Eigentlichkeit von außen in das Unterrichtsgeschehen ein, die sich nicht völlig durch Unterrichtsplanung einfangen lässt. Darin liegt sowohl ihre Stärke als auch manche Schwierigkeit begründet. Daher ist es nicht möglich, sie völlig für die zu unterrichtenden Inhalte in den Dienst zu nehmen, man bleibt bis zu einem gewissen Grad ihren unberechenbaren emotionalen und sozialen Wirkungen ausgeliefert.

Filmauswahl

Umso wichtiger wird es, den »richtigen« Film für ein Thema und eine Klasse auszuwählen, schließlich bleibt trotz aller Eigendynamik die Auseinandersetzung mit einem Unterrichtsthema im Vordergrund. Die Überlegungen sind also einerseits inhaltlicher Art und andererseits schülerbezogen. All dies setzt voraus, dass man als Lehrperson den Film selbst gesehen hat. Alle noch so uneingeschränkten Empfehlungen können keine Garantie dafür geben, dass ein Film gerade für diese Unterrichtssituation in einer bestimmten Klasse auch wirklich brauchbar ist. Zudem ist man nur so auf problematische Szenen, narrative Längen, Darstellungen von Sexualität oder Gewalt und inhaltliche Akzentuierungen des Films vorbereitet, die für Irritationen sorgen können oder die man eigens erklären muss.

Länge

Die Länge des Films stellt ein erstes Kriterium dar. Grundsätzlich gilt im Hinblick auf die Stundenplanstruktur: je kürzer, desto besser. Während Kurzfilme in einer Stunde gesehen und besprochen werden können, nehmen Spielfilme zumindest beide Wochenstunden in Anspruch, wobei viele Filme bis zu 120 Minuten oder länger dauern und drei Unterrichtsstunden benötigen. Im Idealfall ist es möglich, zwei Wochenstunden zu blocken, der Regelfall wird es jedoch sein, sich wohl oder übel einem »zerstückelten« Film stellen zu müssen. Damit widerspricht man natürlich dem Anspruch eines Films, ihn als ästhetische und inhaltliche Einheit zu betrachten. Das Auswählen einzelner, wichtiger Szenen löst zwar das Zeitproblem, wird aber ebenso dem Film als Kunstform nicht gerecht und führt zudem schnell zur Forderung der Schüler, den ganzen Film sehen zu wollen. Mit Ausnahme einer geblockten Doppelstunde wird man daher bei jeder Vorführungsvariante Abstriche machen müssen.

Bei noch längeren Filmen ist von einer vollständigen Vorführung abzuraten, bzw. sollten diese Filme eine absolute Ausnahme darstellen. Zwei ganze Schulwochen allein für die Vorführung eines Films zu brauchen, noch ohne thematische Einbettung und spätere Analyse, ist im Hinblick auf die Gesamtjahresstunden und die vielen Themenbereiche, die im Religionslehrplan vorkommen, kaum zu argumentieren und führt auch zu einer Überbeanspruchung der Schüler. Als Ausweg lässt sich bei manchen Filmen eine Kooperation mit einem anderen Gegenstand durchführen, mit dem man das gemeinsame Stundenpotenzial ausschöpfen kann.

Unterrichtsbezug

Ein zweites Kriterium ist der Bezug zur Unterrichtsthematik. Dreht sich ein Film hauptsächlich um eine bestimmte Frage, oder kommt diese nur als Element in einem größeren Zusammenhang vor? Welche Präferenzen hat ein Film im Hinblick auf die Beantwortung thematischer Fragen? Die positive oder negative Darstellung einer Person, einer Thematik oder einer bestimmten Epoche beeinflussen die Auseinandersetzung mit dem Thema und können erst im Nachhinein aufbereitet werden. Dabei ist darauf zu achten, dass der auf Emotionen und starke Eindrücke abzielende Film nachhaltiger wirkt als eine nachträgliche kognitive Auseinandersetzung. Dies gilt besonders für ethische Fragen, noch mehr jedoch für Filmbiographien oder Historienfilme. Gerade hier wird das Bild, das sich Schüler von einer historischen Person oder Epoche machen, ganz stark von der filmischen Umsetzung geprägt, sodass auf deren größtmögliche sachliche und fachliche Korrektheit zu achten ist. Bis zu einem gewissen Grad muss man allerdings meist eine gewisse historische Verzeichnung in Kauf nehmen, die der typischen Filmdramaturgie (Helden, Bösewichter, Zuspitzung auf einen dramatischen Schluss etc.) geschuldet ist.

Viele Filme lassen sich zudem unterschiedlichen Themenbereichen zuordnen. Je nach inhaltlicher Perspektive entfaltet ein Film so unterschiedliches Potenzial und wirft andere Fragen auf. Schließlich sollte man sich auch darüber im Klaren sein, welches Ziel man mit einem Film verfolgt: Geht es um Veranschaulichung, will man eine Diskussion provozieren oder will man eine bestimmte Werthaltung vermitteln? Je nachdem wird die Filmwahl, auch wenn es um dasselbe Thema geht, unterschiedlich ausfallen. Eine wichtige Entscheidung, die mit der Zielsetzung zusammenhängt, betrifft die Einordnung des Films an den Anfang, die Mitte oder das Ende eines thematischen Blocks. Will man mit dem Film ein Thema interessant beginnen, es in der Mitte vertiefen oder am Ende zusammenfassen oder veranschaulichen? Bei bestimmten Filmen mit historischem oder politischem Gehalt sollte gewährleistet sein, dass die Schüler gemäß ihrem Vorwissen inhaltlich vorbereitet sind. An dieser Stelle ist es auch eine Überlegung wert, ob ein Film fächerübergreifend behandelt werden soll.

Altersgemäßheit

Das dritte und wohl wichtigste Kriterium ist die Geeignetheit für die Schüler. Das betrifft das Alter, das Geschlecht und den Schultyp ebenso wie Vorerfahrungen und Sehgewohnheiten.

Für das Alter bieten FSK- und JMK-Angaben Grundorientierungen. Über diese Mindestangaben hinaus liegt es aber am Einschätzungsvermögen der Lehrperson, ob diese einen Film für ein bestimmtes Alter als geeignet empfindet. Ab zwölf Jahren sind Jugendliche in der Lage, anspruchsvollere Filme rational zu verarbeiten und intensivere Spannung auszuhalten. Sie können sehr genau zwischen realer und fiktionaler Atmosphäre unterscheiden und verstehen kompliziertere Stilmittel wie etwa Rückblenden. In diesem Alter ist die Identifikation mit Filmheldinnen und -helden besonders ausgeprägt, die als Vorbilder für das sich entwickelnde Selbstverständnis fungieren. Je weniger das Selbstbewusstsein eines Jugendlichen entwickelt ist, umso mehr neigt er zur Identifikation mit einer Filmfigur. Vor allem für Jungen sind in diesem Alter starke, erfolgreiche und Gewalt einsetzende Filmhelden faszinierend, die einem klassischen männlichen Idealtypus entsprechen und die selbst erlebte Spannung von Macht und Ohnmacht ansprechen. Ein weiteres wichtiges Thema in diesem Alter sind Freundschaften und Beziehungen. Interessant sind in diesem Alter Filme, die vorbildliche Charaktere zeigen oder speziell die Erfahrung des Erwachsenwerdens thematisieren. Umso wichtiger ist es, Filme nicht allein im Hinblick auf ihre bildhaften Aussagen zu betrachten, sondern auch ihre Botschaften und die

dahinter liegende Ideologie zu hinterfragen. Gewalt und daraus resultierende
Verletzungen sollten nicht im Detail gezeigt, auf sexuelle Handlungen nur ange-
spielt werden. Nacktszenen sind in Ordnung, wenn sie von kurzer Dauer sind.
Problematisch ist es hier, wenn Filme lediglich einfache Lösungen aufzeigen,
die Gewalt verharmlosen.[4]

Für die Oberstufe, spätestens ab 16 Jahren, steht auch von der FSK her eine
große Auswahl an Filmen zur Verfügung. Hier kann grundsätzlich eine große
Medienerfahrung und eine hohe Fähigkeit in der emotionalen und rationalen
Verarbeitung von Filmen vorausgesetzt werden. Es kommt zu einer größeren
Offenheit für ernsthafte Filme, die sich kritisch mit Geschichte, Werten, Beziehungen und Konflikten auseinandersetzen. Problematisch bleiben hier dennoch Filme, die kritische soziale Implikationen beinhalten: Gewaltverherrli-
chung, Diskriminierung, positive Darstellung von Drogenkonsum oder eine
auf Triebbefriedigung reduzierte Sexualität sind trotz FSK-Freigabe mögliche
Ausschlusskriterien. Gewalthandlungen sollten nicht lustvoll zur Schau gestellt
werden, Geschlechtsakte in einem Beziehungskontext stattfinden und nicht im
Detail gezeigt werden. Filme mit FSK 18 sind vom Alter her ohnehin nur in der
fünften Schulstufe der BHS möglich, auch hier liegt eine große Verantwortung
bei der Lehrperson, Filme dieser Art im Hinblick auf ihre Geeignetheit für den
Schulunterricht zu prüfen. Nur weil sämtliche Schüler über 18 Jahre alt sind, ist
daraus kein Freibrief für jedweden Film abzuleiten.[5]

Filmische Gewalt

Speziell das Thema »mediale Gewalt« ist im letzten Jahrzehnt im Hinblick auf
»Gewaltfilme« oder »Killerspiele« immer wieder neu aufgebracht worden und
wird zwischen Schuld- (»das Fernsehen hat ihn dazu gebracht«) und Kathar-
sisthesen (»mediale Gewalt hilft, reale Aggressionen abzubauen«) leidenschaft-
lich diskutiert. Hier ist Differenzierung umso wichtiger. Gewaltdarstellungen
sind unterschiedlich einzustufen: Je nachdem in welchem narrativen Kontext
sie gezeigt werden, können sie sogar notwendig sein, um etwa in einem Historienfilm etwas zu veranschaulichen. Gewalt steht in unterschiedlichen narrativen Sinnzusammenhängen, kann unterschiedlich ästhetisch inszeniert werden und steht nicht automatisch in einem Zusammenhang mit Aggressionen.
Gerade bewusst übertriebene Gewalt ist leicht als unrealistisch und reine Insze-

---

4   Vgl. Jugendmedienkommission: Alterskennzeichnung von Filmen und vergleichbaren Bild-
    trägern, in: http://www.bmukk.gv.at/medienpool/15384/broschuerealterskennzeichnun.pdf;
    Hildebrand, Film: Ratgeber für Lehrer, 278.
5   Vgl. ebd., 287 f.

nierung zu erkennen, dies gilt für »Tom und Jerry« ebenso wie für das Werk Quentin Tarantinos.[6]

Jan-Uwe Rogge unterscheidet in »Kinder können fernsehen« vier verbreitete Thesen zum medialen Gewalteinfluss:[7]

1. Nachahmungs- und Gewöhnungsthese: Rezipienten stumpfen durch mediale Gewalt ab und werden zusätzlich selbst zur Gewalt motiviert
2. Katharsisthese: Gewaltbilder reinigen vom eigenen Hang zur Gewalt, man reagiert sich ab
3. Inhibitionsthese: Gewaltbilder bauen Hemmungen gegen Gewalt auf
4. Erregungsthese: Gewaltbilder führen zu einer stärkeren emotionalen Bindung an den Film, je ähnlicher der Film der eigenen Lebenswelt ist, umso weniger erkennt man ihn als Fiktion und umso stärker ist die Identifikation mit den handelnden Personen

Für Rogge ist die Erregungsthese am plausibelsten: Erfahrungen in der Familie und in der eigenen Lebenswelt prägen das Wertesystem weitaus stärker als Film- und TV-Konsum. Mediale Gewalt ist also vor allem dann problematisch, wenn Schüler darin Handlungsmuster wiedererkennen und bestätigt sehen, die sie aus eigener Erfahrung kennen, oder wenn sie aufgrund einer unsicheren Lebenssituation für Ängste besonders empfänglich sind. Das Filmgeschehen fungiert dann als »psychische Prothese.«[8] Je stärker die emotionale Bindung an ein Filmgeschehen ist (weil dieses z.B. die Lebensrealität Jugendlicher abbildet), umso realer wirkt es und fungiert als Vorbild für das Verhalten im eigenen Lebenskontext.[9] Die Basis für den Umgang mit medialer Gewalt ist daher ein stabiles und gewaltfreies Umfeld in Familie, Schule und Lebenswelt. Deshalb ist der Unterrichtseinsatz von Filmen, die Gewalt in lebensnahen Kontexten wiedergeben, nicht unproblematisch, da man nicht wissen kann, wie einzelne Schüler, deren Lebensumstände oft weder bekannt noch beeinflussbar sind, darauf reagieren.

Die Diskussion um Gewaltdarstellungen verschleiert eine andere emotionale Komponente, die ebenfalls zu berücksichtigen ist: Angst. Auch wenn Gewalt nicht offen dargestellt wird, können Inszenierung und narrative Strukturen vor allem in Thrillern für manche Schüler problematisch sein. Auch hier gilt als Faustregel, dass je älter Schüler sind, sie umso besser kognitiv verarbeiten kön-

---

6   Vgl. ebd., 39.
7   Vgl. Rogge, Jan-Uwe: Kinder können fernsehen. Vom sinnvollen Umgang mit dem Medium, Reinbek 1999 (= Mit Kindern leben), 154–163.
8   Ebd., 150.
9   Ein Neonazi wird die ausgeübte Gewalt in einem Film über Neonazis anders, »realer« wahrnehmen als jemand, der zu diesem Milieu überhaupt keinen Bezug hat.

nen, was sie sehen, da auch mehr Filmerfahrung vorausgesetzt werden kann. Sowohl das Alter als auch eine analytische Herangehensweise an Filme können Verunsicherungen, die durch Handlungsverläufe, Gewalt, Sexualität oder Ähnlichkeiten zur eigenen Lebenswelt entstehen, eindämmen, wenn auch nicht gänzlich vermeiden.[10]

Kognition

Abseits von Diskussionen um die Darstellung von Gewalt oder starker emotionaler Belastung sind auch einfache kognitive Aspekte entscheidend für die Filmauswahl. Es gilt, auf »die individuellen Wahrnehmungsleistungen der Schüler, die medienspezifischen Merkmale des Films und gesellschaftlich-kulturelle Phänomene«[11] zu achten. Der Inhalt eines Films muss für Schüler per se erschließbar sein, d. h. dass sie dazu in der Lage sein sollen, Handlungsstränge, Sprache und Symbole von vornherein zu entschlüsseln, bzw. durch entsprechende Vorbereitung im Unterricht die dafür notwendigen Vorkenntnisse erhalten haben. Auch hier ist es die Aufgabe der Lehrperson, einen Film im Hinblick auf eine bestimmte Klasse richtig einzuschätzen.

Qualität

Schließlich stellt die Qualität eines Films ein wichtiges Auswahlkriterium dar. Qualitätskriterien für Filme sind deren filmgeschichtliche Bedeutung, formale und ästhetische Qualitäten, gesellschaftliche Relevanz der Geschichten oder Figuren, ästhetischer Innovationsgehalt, entwicklungspsychologische Relevanz, pädagogische Grundaussagen und nicht zuletzt der Unterhaltungswert.[12]

Dabei unterscheiden sich die Präferenzen von Lehrpersonen und Klassen meistens: Filme, die von Lehrerinnen und Lehrern eingebracht werden, sind schnell einmal »fad«, Schülervorschläge müssen dagegen mit pädagogischer Kritik an deren geringem Niveau rechnen. Auch Jungen und Mädchen haben oft unterschiedliche Vorstellungen, erstere »suchen in der Regel eher Action und Spannung, Mädchen häufiger interessante Figuren und Beziehungen in den Filmgeschichten«[13], von individuellen Vorlieben ganz zu schweigen. Will man die Schüler in ihrer Lebenswelt abholen, muss man ihre Kinoerfahrungen und Sehgewohnheiten kennen. Es ist daher nur zu empfehlen, immer wieder mit Klassen über ihre Lieblingsfilme, Kinoerlebnisse und Zugänge zu Filmen

---

10 Vgl. Hildebrand, Film: Ratgeber für Lehrer, 42 f.
11 Maier, Wolfgang: Grundkurs Medienpädagogik Mediendidaktik. Ein Studien- und Arbeitsbuch, Weinheim ²1998, 85.
12 Vgl. Süss, Spielfilme im Alltag – Spielfilme im Unterricht, 31.
13 Ebd., 29.

zu sprechen. Nicht zielführend ist es hingegen, quasi »von oben« den Medien-
konsum der Schüler abzuwerten und ihnen einmal »richtige« oder »gescheite«
Filme zeigen zu wollen.

Es wird selten gelingen, einen Film zu finden, der verschiedenen Ansprüchen
gleichermaßen genügt. Bis zu einem gewissen Grad wird es notwendig sein, auf
bestimmte Standards zu verzichten. Wenn ein »wertvoller« Film gezeigt wird,
den Schüler aber als »langweilig« empfinden, wird mangels emotionaler Bindung auch das Erschließen des Inhalts mühsam. Umgekehrt kann aus einem
»seichteren«, dafür spannenderen Film umso mehr gewonnen werden, wenn
man nach einer geglückten Vorführung analytisch in die Tiefe geht. Der Film
sollte jedenfalls einen gewissen Deutungsgehalt haben und Impulse für eigene
Überlegungen oder Fragen bieten.

Auf lange Sicht kann es durchaus ein Unterrichtsziel sein, immer »schwi-
rigere« Filme einzusetzen und Schülern auch mit anspruchsvolleren Filmen zu
konfrontieren, die sie von sich aus nicht gewählt hätten. Wie auch bei der Literatur setzt dies eine Übung und ein Weitergehen vom Einfachen zum Komple-
xen voraus, was aber im Laufe der Jahre aber ein lohnendes Unterrichtsziel sein
kann. Kulturelle Filmbildung schließt ein, Kinder und Jugendliche auch an ältere
Filme heranzuführen, zu denen sie sonst keinen Zugang haben.

Wie Schüler einen Film wahrnehmen, hängt schließlich auch von deren Sehgewohnheiten ab. Die primäre Filmsozialisation ist natürlich von Hollywood
beeinflusst, welches auch über die nötigen finanziellen Mittel und vor allem
Marketingbudgets verfügt, dann mit einigem Abstand auch von deutschen Kino-
produktionen. Deren Stilistik, Schnitt, technische Standards und Erzählweisen
prägen die Erwartungshaltung an Filme generell. Hier gibt es einen zunehmenden Trend zur Entkoppelung von Inhalt und Form. Schnelle Kamerafahrten,
aufwendige »Gottesperspektiven«[14] auf das Totalgeschehen und Spezialeffekte
sorgen für eine Verschiebung vom Film als Geschichte zum Film als Ereignis.
Ältere oder künstlerische Filme brechen diese Gewohnheiten und können irritie-
ren. Daher ist es sinnvoll, Schüler in solchen Fällen über Herkunft und Machart
des Films zu informieren (z. B. darüber, dass Filme früher langsamer geschnit-
ten wurden, oder über Kleidungsstil und Sprechweisen). Auch hier ist es wiederum empfehlenswert, bei Analysen eher mit Filmen zu beginnen, deren Stil
den Schülern vertraut ist, und im Laufe der Jahre auch eine Einübung in andere
Genres und Zeiten zu probieren. Sehgewohnheiten ändern sich, und Filme, die

---

14 Unter einer »Gottesperspektive« versteht man eine Kameraeinstellung, die dem Zuseher einen
    Blick von oben auf das (spektakuläre) Totalgeschehen bietet und ihn damit perspektivisch über
    die im Film agierenden Personen stellt.

am Anfang eines pädagogischen Lebens ausgezeichnet funktionieren, können bei späteren Schülergenerationen zu Irritationen führen. Hier ist es manchmal notwendig, sich schweren Herzens von Lieblingsfilmen zu trennen.

Abschließend zur Filmauswahl und den entsprechenden Vorüberlegungen bieten Thomas vom Scheidts »Zehn Gebote zum Einsatz von Filmen im Religionsunterricht«[15] noch einmal eine prägnante Zusammenfassung, bevor dieses Buch auf konkrete methodische Unterrichtsfragen eingeht.

1. Du sollst keine Filme zeigen, die du nicht kennst und vorher nicht gesehen hast! *(Auch nicht, wenn sie von Kolleginnen oder Kollegen empfohlen wurden).*
2. Du sollst keinen Film als Lückenfüller zeigen, weil Du keine Zeit zur Unterrichtsvorbereitung hattest.
3. Du musst dich an die Altersvorgaben nach § 14 Jugendschutzgesetz (FSK) halten.
4. Du darfst keine Filme ohne Vorführlizenz zeigen.
5. Du sollst Dir selbst darüber klar sein, mit welcher Intention Du einen Film zeigen willst.
6. Du solltest immer ein Alternativkonzept für die Unterrichtsstunde parat haben, falls der DVD-Player einmal nicht funktioniert.
7. Du sollst Dir vorher gezielt überlegen, wie der Film ausgewertet werden soll. Du sollst nie die Frage stellen: »*Und wie fandet ihr den Film?*«
8. Du sollst den Film als offenes Kunstwerk ernst nehmen und den Schülern nicht vorschreiben, wie sie ihn zu sehen haben.
9. Du sollst die Schüler nicht über Generationen mit Deinem eigenen Lieblingsfilm langweilen.
10. Du sollst nicht begehren der selbst gebrannten DVDs Deiner Schüler.

3.2 Motivation

Es gilt nun, die Aufmerksamkeit der Schüler auf den Film zu richten. Grundsätzlich haben Filme von sich aus einen hohen Motivationsfaktor, d. h. eine Klasse wird in den seltensten Fällen eine andere Unterrichtsmethode vorziehen. Solange Filme nicht inflationär eingesetzt werden oder Klassen ständig Filme sehen müssen, zu denen sie keinen Zugang haben, kann man mit dem Interesse der Klasse fix rechnen. Die Motivation wird umso höher sein, wenn der Film

---

15 Scheidt, Thomas vom: »Können wir nicht mal wieder einen Film gucken?« Das Medium Film im Religionsunterricht, in: Bohrmann, Thomas/Veith, Werner/Zöller, Stephan (Hg.): Handbuch Theologie und populärer Film. 2, Paderborn 2009, 311–322, 322. [Kursivierungen i. O.]

ein für die Schüler spannendes Thema aufgreift, er von seiner Machart her für sie gut zugänglich ist oder ihre eigenen Erfahrungen und Erlebnisse aufgreift.

Es ist nützlich, den Film vorzustellen und noch einmal eindeutig in der Unterrichtsthematik zu verankern, damit klar ist, dass es hier um die Veranschaulichung eines Unterrichtsthemas geht und nicht um bloße Unterhaltung. Das ist umso wichtiger, als die Motivation schnell sinken kann, wenn es vom bloßen »Anschauen« zu einer inhaltlichen Analyse weitergehen soll. Daher sollte von Anfang an die Einbettung des Films in den Unterricht klargestellt werden. Je vorausschauender der Film ausgewählt und je besser er von der Klasse aufgenommen wurde, desto größer ist auch die Motivation, sich anschließend mit ihm auseinanderzusetzen. Zudem ist es auch hier eine längerfristige Übungs- und Gewöhnungssache, dass Schüler von vorneherein mit einem Film auch die anschließende Auseinandersetzung mit ihm annehmen. Problematische Szenen oder für die Schüler ungewöhnliche Stilmittel können hier ebenso noch angesprochen werden, ansonsten ist die Motivation für einen Film jedoch eine leichte Übung. Auch Informationen zu Genre, Relevantem über die Regisseure oder Darsteller, Besonderheiten des Films oder seine Einordnung in die Film- und Kulturgeschichte haben hier ihren Platz.

Eine spezielle Variante der Motivation ist es, den Schülern zuvor einen Filmausschnitt, einen Trailer oder einige Filmstills (Einzelbilder aus dem Film) zu zeigen und Erwartungen anzusprechen (Was für ein Film ist es? Worum geht es? Wann wurde er gedreht? Wie könnte er sein? usw.) bzw. eine erste thematische Aufarbeitung anhand eines Einzelbildes oder einer Filmszene zu machen. Alternativ kann auch eine Filmkritik oder Reaktion auf den Film gelesen und der Film dann unter diesem Vorzeichen betrachtet werden. Damit lässt sich ebenfalls eine zusätzliche Motivation erzielen, zugleich wird die Filmsichtung jedoch unter eine bestimmte Vorfrage gestellt, die ein eigenes Erleben beeinflusst.

Probleme können entstehen, wenn die Klasse in der folgenden Stunde eine Schularbeit o. ä. hat und das Anschauen eines Films im Gegensatz zum normalen Unterricht als quasi »gezwungene Unterhaltung« empfindet, während man sich lieber noch einmal dem Lernstoff widmen würde. Hier lassen sich Schwierigkeiten natürlich in erster Linie durch einen Blick auf den Kalender vermeiden, ansonsten muss dieser Sachverhalt jeweils im Einzelfall mit der Klasse geklärt werden.

Vor der Vorführung sollte schließlich der Klassenraum verdunkelt werden. Dies sorgt nicht nur für eine bessere Sichtbarkeit des Bildes und eine Reduktion von möglichen Ablenkungen, sondern schafft auch eine Kinoatmosphäre und dient als Übergangsritual für das Eintauchen in die Filmwelt.

3.3 Erschließung: Die Filmvorführung

Falls Abspieltechnik und Raumverdunkelung keine Probleme gemacht haben, geht es nun zum eigentlichen Höhepunkt: der Filmvorführung. Auch hier ist zunächst wieder die soziale Dimension der Filmsichtung zu bedenken. Das betrifft die Sitzordnung und die Sitzgelegenheiten in der Klasse (etwa wenn ein Sofa im Klassenzimmer steht) ebenso wie die eigene Sitzposition, weiter den Umgang mit Gesprächen und Störungen in der Klasse (für Schüler ist es normal, beim privaten Schauen eines Films Kommentare oder spontane Reaktionen zu äußern, die Schule steht hier in einer Mittelposition zwischen Kino- und Privatraum) und die Freigabe/das Verbot, während des Films zu trinken (was unproblematisch ist) oder gar zu essen. Auch die eigene Sitzposition muss gewählt werden. Wird ein Film mit einem DVD-Player wiedergegeben, befindet sich die Sitzposition des Lehrers automatisch im Kreis der Klasse, eine Kontrolle über Filmvorführung und Lautstärke kann mit der Fernbedienung geschehen. Wird ein Film über PC abgespielt, kann die Lehrperson den Film auch über den PC-Bildschirm verfolgen und benötigt Maus und Tastatur zur Steuerung, sitzt also der Klasse gegenüber und hat zugleich den Film und die Schüler im Blick.

Für die Vorführung des Films gibt es schließlich verschiedene Möglichkeiten, die ihre Vor- und Nachteile haben, aber auch willkommene Abwechslungen zum einfachen Ansehen des Films darstellen können.[16]

Vollständige Präsentation

Das vollständige und ununterbrochene Anschauen des Films entspricht diesem in seiner künstlerischen Eigenart. Für die Schüler ist es möglich, den Film und seine gesamte Handlung als Ganzes zu erfahren und mitzuerleben. Sie können sich nach der vollständigen Rezeption des Films anschließend ganz auf die Analyse konzentrieren. Allerdings ist diese Vorführmethode nur bei Doppelstunden (und auch hier nur, wenn der Film nicht länger als 90 Minuten dauert) möglich, für die Analyse fehlt möglicherweise die Motivation, da man den Ausgang der Handlung ja schon kennt.

Verzögerte Präsentation

Hier wird der Film in längere Abschnitte unterteilt, die anschließend sofort behandelt werden. Hier nähert man sich dem Film bewusst distanziert-analytisch und weniger sinnlich-erlebnisorientiert. Das Konzept eines Films als

---

16 Vgl. Henning, Karsten/Steib, Rainer: Leitfaden Medienarbeit. Erfahrungsorientierte Medienpraxis für Religionsunterricht und Bildungsarbeit, München 1997, 87 f.

Gesamtkunstwerk wird damit gezielt gebrochen. Diese Variante wird möglicherweise anfangs auf Ablehnung stoßen, da sie den üblichen Sehgewohnheiten widerspricht. Die Unterbrechung des Films in Sequenzen schafft die Möglichkeit, sich öfters zum Film zu äußern oder auch Vorausspekulationen darüber anzustellen, wie die Handlung weiter verlaufen könnte. Da Filme spannungsorientiert sind, fällt es natürlich schwer, an bestimmten Momenten im Film Halt zu machen und vom Erleben zurück zur eigenen Tätigkeit zu kommen. Dennoch lässt sich auf diese Weise der Spannungsaufbau des Films einerseits und die Auseinandersetzung mit ihm am besten kombinieren. Selbstverständlich darf eine Unterbrechung des Films nicht zu häufig vorkommen, da man ihn sonst völlig in seiner Struktur zerreißt. Es ist also naheliegend, den Film nur an speziellen Momenten, in denen die Handlung neue Wendungen nimmt, oder nach zentralen Passagen zu unterbrechen. Die Ergebnisse der zwischenzeitlichen Betrachtungen und Gespräche sollten auf jeden Fall festgehalten werden. Dazu eignet sich ein Filmprotokoll, das man an die Klasse austeilt. Auch diese Art der Filmbetrachtung muss geübt werden und wird nicht beim ersten Mal gleich reibungslos funktionieren.

Abschnitt	Dauer	Handlung/ Inhalt	Bildgestaltung Orte, Kulissen, Farben …	Musik/ Geräusche
1				
2				
3				
4				
5				

Abbildung 1: Filmprotokoll

Mit einer gröberen Variante der verzögerten Präsentation liegt eine Möglichkeit vor, mit der Unterteilung des Films durch die einzelnen Schulstunden
kreativ umzugehen. Nach Ansicht einer längeren Passage kann man die letzten Minuten zu einer kurzen Analyse, Rekapitulation oder Vorausspekulation
nutzen. Damit vermeidet man willkürliche Unterbrechungen der Filmhandlung durch das Pausenläuten und schafft sinnvolle Übergange zur Fortsetzung
in der nächsten Stunde.

Sequenzanalyse

Nach Vorführung des gesamten Films und einer kurzen Besprechung folgt
eine ausführliche Auseinandersetzung mit einzelnen, ausgewählten Passagen.
Anhand von gezielten Fragen oder Anweisungen nähert man sich bestimmten
Schlüsselszenen des Films auf eine analytische Weise und kann diese zugleich in
den Gesamtzusammenhang des Films einordnen. Diese zeitaufwendige Methode
eignet sich besonders für eine sehr intensive Auseinandersetzung nicht nur mit
der Filmthematik, sondern auch mit dem Film selbst in seiner Machart. Sie verlangt ein hohes Maß an Übung und Bereitschaft der Schüler und muss im Laufe
der Zeit erarbeitet werden. Auch hier ist der Einsatz eines Filmprotokolls nützlich, um die ausgewählten Szenen systematisch zu beschreiben.

Ein Sonderfall ist es, wenn überhaupt nur einzelne Sequenzen aus einem
Film angesehen werden. Es gibt oft Passagen in einem Film, die wie ein Kurz-
film für sich selbst stehen können und eigene Fragen aufwerfen, und die nicht
unbedingt einer Einbettung in den gesamten Film benötigen, um verständlich
zu sein. Allerdings ist hier damit zu rechnen, dass die Klasse darauf drängen
wird, doch den ganzen Film anzusehen.

Abbruchmethode

Viele Filme haben ein überraschendes oder schockierendes Ende. Bricht man
einen solchen Film vor seiner Schlusssequenz ab, fordert man die Schüler dazu
heraus, selbst über einen fiktiven oder realen Schluss nachzudenken. Ein solches Nachdenken folgt ganz automatisch, ohne dass man die Klasse direkt dazu
aufrufen müsste. Die Schüler können anschließend versuchen, ihre Vorstellungen von einem wahrscheinlichen oder selbst entworfenen Ende schriftlich fest-
zuhalten oder zu beschreiben. Ein Gespräch über mögliche Fortsetzungen des
Films kann in Gruppen oder im Plenum geführt werden. Hier geht es mehr um
die Kreativität als darum, das »richtige« Ende des Films zu erraten. Am Ende
steht natürlich die »Auflösung« der aufgeworfenen Frage.

Sequenzen ohne Bild oder Ton

Einzelne Filmesequenzen können auch gänzlich ohne Bild bzw. ohne Ton vorgeführt werden. Damit wird das sinnliche Erleben von Film gezielt verändert und die Kraft von Bildern bzw. Tonuntermalung/Musik besser erfahrbar. Bei der Vorführung ohne Ton ist es interessant, welche Stimmung die Bilder ohne Musikuntermalung erzeugen, und es wird eine besondere Konzentration auf Bildeinstellungen und das Verhalten der Darsteller ermöglicht. Das bloße Bild regt dazu an, über mögliche Inhalte der Szenen zu spekulieren, oder sogar selbst Dialoge oder Kommentare zu entwickeln, die über die Filmszene gesprochen werden können.

Umgekehrt erlaubt das Vorführen ohne Bild, sich zu einzelnen gehörten Szenen eigene Bilder auszudenken und Musik und Ton auf sich wirken zu lassen. Ein Vergleich mit dem Original zeigt dann Wahrnehmungsunterschiede auf, die zu einer bewussteren Filmwahrnehmung führen können.

»Filmpate«[17]

Beim »Filmpaten« handelt es sich um eine Beobachtungsaufgabe. Schüler bekommen den Auftrag (durch Zuteilung oder Los), besonders auf einen bestimmten Charakter im Filmgeschehen zu achten und ihre Beobachtungen zu protokollieren. Die Filmpersonen sollen charakterlich beschrieben, ihre besonderen Auftritte festgehalten, ihre Handlungsmotivationen erschlossen und ihre Entscheidungen ethisch hinterfragt werden. Anschließend können sich die Schüler, die Paten derselben Filmfigur waren, über diese austauschen und im Plenum vorstellen. Dabei ist es interessant, wie unterschiedlich Filmfiguren wirken können und welche unterschiedlichen Formen der Identifikation von Rezipient und Filmhelden existieren. Die Aufzeichnungen zu den einzelnen Personen sind zudem eine gute Grundlage für die Rekapitulation der Filmhandlung.

Filmprotokoll und Fragebogen

Die Methode »Filmpate« zeigt bereits an, dass man sich über die Aktivität der Schüler während der Filmpräsentation Gedanken machen muss. Länge und Informationsdichte vieler Produktionen schaffen Probleme, weil eine Vielzahl an Eindrücken auf die Schüler einprasseln, die später schwierig zu strukturieren sind. Der Einsatz vom Filmprotokollen oder Fragebögen schon während der Filmvorführung und die Aufforderung an die Schüler, während des Films Notizen zu machen, leiten vom bloßen Filmerleben weg und verbinden die Betrachtung des Films mit einer ersten Auseinandersetzung. Gezielte Fragen zum Film

---

17 Vgl. Scheidt, Das Medium Film im Religionsunterricht, 316 f.

oder zu einzelnen Sequenzen erleichtern die spätere Besprechung, allerdings wird damit auch die Rezeption des Films bereits vorstrukturiert. Ein Kompromiss sind hier offene Fragen, die die Subjektivität des Filmerlebens nicht allzu sehr einschränken.

Dabei können entweder alle Schüler dieselbe Aufgabe, oder aber Kleingruppen verschiedene Beobachtungsaufgaben zugewiesen bekommen. Auf diese Weise können möglichst viele Gesichtspunkte des Films intensiv berücksichtigt werden. Zugleich ist auch hier mit Widerwillen der Schüler zu rechnen, da diese Form der Filmbeobachtung den Sehgewohnheiten widerspricht.

Erläuterungen

Bei bestimmten Szenen kann eine kurze Unterbrechung zur sachlichen Erläuterung hilfreich sein. Dies gilt vor allem für Darstellungen, bei denen ein gewisses historisches und sachliches Hintergrundwissen notwendig ist, um sie richtig zu verstehen und einzuordnen. In diesem Fall kann die Filmvorführung pausiert und eine kurze Erklärung durch die Lehrperson gegeben werden.

Versteckte Kamera[18]

Um die Subjektivität der Filmerfahrung stärker zu berücksichtigen, ist es möglich, die Klasse während der Filmvorführung zu filmen. Die Aufnahme wird anschließend durchgesehen, wobei diese Methode sich für Kurzfilme besser eignet, da sonst sehr viel Filmmaterial zusammenkommt. Bei besonderen Szenen und ausdrucksvollen Reaktionen wird die Vorführung der Aufnahme unterbrochen und dem Grund der Reaktion nachgespürt (Welche Szene? Warum diese Reaktion?). Die Schüler zu filmen ist natürlich keine unproblematische Methode. Man muss sie behutsam und im konkreten Kontext (Vertrauensverhältnis, Atmosphäre, Zustimmung der Klasse) entscheiden.

Abspann und erste Gespräche

Der Abspann (Nachspann) eines Films listet musikalisch unterlegt die sogenannten »Credits« (Würdigung und Erwähnung aller beteiligten Personen), Danksagungen, Widmungen sowie Produktionsfirmen und rechtliche Angaben auf. Im Kino werden Abspänne meist als uninteressantes Anhängsel betrachtet, sodass die meisten Zuseher den Saal unmittelbar nach Filmende verlassen, im Fernsehen werden sie überhaupt weggelassen. Neuere Produktionen ver-

---

18 Vgl. Maurer, Björn: Filmbildung in der Sekundarstufe I – ein Überblick, in: Barg, Werner/ Niesyto, Horst/Schmolling, Jan (Hg.): Jugend:Film:Kultur. Grundlagen und Praxishilfen für die Filmbildung, München: kopaed 2006, 169–208, 178.

suchen dem entgegenzuwirken, indem im Abspann zusätzliche oder geschnittene Szenen, Pannen bei den Dreharbeiten (sog. »Outtakes«) o. ä. untergebracht werden. Der Abspann bildet einen Übergang zwischen dem Filmerleben und der Rückkehr in das Normalerleben. Es ist sinnvoll, diesem Übergang zumindest ein wenig Zeit zu gewähren, in der die Schüler sich von der Filmhandlung lösen können, erste Empfindungen äußern und sich wieder auf den Unterricht einstellen. Bricht man den Film unmittelbar nach dem Ende der Handlung ab und stellt sofort Fragen, führt eine solche Überrumpelung schnell zu betretenem Schweigen. Mit einem gut getimten Abspann legt man dagegen eine bessere Basis für anschließende Gespräche.[19]

3.4 Erarbeitung und Sicherung

Spätestens mit dem Ende des Films muss eine Auseinandersetzung mit ihm beginnen, wenn man eine Filmvorführung sinnvoll ins Unterrichtsgeschehen integrieren will. Hierfür stehen eine Vielzahl an verschiedenen Methoden und Analysemöglichkeiten zur Verfügung, aus denen man je nach Film, Altersstufe, Vorerfahrung und Klassensituation schöpfen kann. Es wird nicht immer einfach sein, Schüler vom Filmerleben wieder zurück zur schulischen Arbeit motivieren zu können, aber ein Mindestmaß an vernünftiger Auseinandersetzung mit dem Film, die über ein bloßes »Wie hat es euch gefallen?« hinausgeht, sollte auf jeden Fall der Anspruch eines Filmeinsatzes im Unterricht sein. Keine dieser Methoden ist ein Selbstläufer. Es liegt im Ermessen des Lehrers, welche Methode in welcher Klassensituation zur Anwendung kommen soll. Vieles ist auch einfach Übungssache und muss nicht beim ersten Mal gelingen.

3.4.1 Ersteindrücke

Filme sind nicht rein inhaltsorientiert, sondern zielen durch ihre Bildsprache auf Emotionen und das Unbewusste. Besonders wenn Filme hier eine große Intensität haben, ist es zielführend, nicht nur über die Inhalte, sondern auch auf die subjektiven Wirkungen des Films zu sprechen.

Spontanes Filmgespräch im Plenum
Die meistverbreitete und einfachste Methode ist natürlich das spontane Gespräch in der Klasse unmittelbar nach dem Film. Es kann eine vorbereitende Methode für eine weiterführende Arbeit sein, indem zunächst einfach ein paar spontane Äußerungen zum Film gefordert und besprochen werden. Mit etwas Vorberei-

---

19 Vgl. Schmid, Ein Grundmodell des Umgangs mit Filmen, 193 f.

tung kann ein Filmgespräch im Plenum auch mehr sein als das. Eine Grund-
überlegung sollte sein, ob man als Lehrperson das Gespräch eher teilnehmer-
orientiert (also im Hinblick auf die subjektive Erfahrung der Schüler) oder
themenorientiert (im Hinblick auf die Aussagen des Films) leitet. Die Struktu-
rierung des Gesprächs und die Einhaltung von entsprechenden Regeln (ausre-
den lassen, nur einer spricht usw.) ist ebenso Aufgabe der Lehrperson wie das
gezielte Fragen und Impulsgeben, was jedoch nicht heißt, dass man sich genau
an diesen Plan halten muss. Es geht vielmehr darum, das Gespräch auf Trab
zu halten, an gezielten Stellen Impulse zu setzen und eine Vorstellung davon
zu haben, auf was man beim gemeinsamen Austausch abzielt. Verbale Impulse
an die Schüler (»Denkt einmal …«, »Beobachtet …«, »Versetzt euch in die
Lage von …«, »Erzählt einmal …«, »Es gibt wahrscheinlich einen Grund dafür,
dass …« usw.) wirken dabei anregender für Schüler als klassische »W-Fragen«
oder Alternativfragen. Auch gezielte Provokationen durch die Lehrperson können für Plenumsgespräche sehr fruchtbar werden. Gerade bei einem sonst eher
textzentrierten Unterricht aktivieren Filme auch Schüler, die eher visuelle Lern-
typen sind und möglicherweise dazu angeregt werden, aktiver im Unterricht
zu agieren als sonst.

Spontanes Assoziieren[20]

Gleich nach Filmende sollen die Schüler ihre ersten Assoziationen auf einem
Blatt Papier festhalten, die sie nachher im Plenum vorlesen. Während sie nacheinander vorlesen, notieren die jeweils anderen Fragen, die ihnen zu einzelnen
Statements einfallen und die sie besprechen wollen. Am besten ist es, hinterei-
nander die Assoziation einer Person zu diskutieren. In größeren Klassen empfiehlt sich die Methode 6–6, damit sich wirklich alle Schüler zum Thema äußern
können. Dabei bilden sechs Schüler eine Gruppe und formulieren gemeinsam
sechs Minuten lang erste Aussagen und Fragen zum Film. Die Ergebnisse einer
Gruppe können dann im Plenum vorgestellt und besprochen werden.

Brainstorming

Im Prinzip eine Variante des spontanen Assoziierens: Spontane Stellungnahmen
zum Film werden entweder im Plenum (bei kleineren Klassen) oder in Gruppen
zu fünf bis sieben Personen geäußert und stichwortartig von der Lehrperson
oder vom Schriftführer einer Gruppe an der Tafel oder auf einem Zettel notiert.
Dabei ist es erlaubt, eigene Ideen zu äußern oder Ideen der anderen aufzugrei-
fen und weiterzudenken. Kommentare, Korrekturen und Kritik sind verboten,

---

20 Vgl. Henning/Steib, Medienarbeit, 88 f.

es geht vielmehr darum, möglichst viele Ideen zu sammeln. Nach Abschluss der Sammelphase können die Ideen geordnet und strukturiert werden, indem sie in eine Mind-Map überführt werden. Mit diesen Mind-Maps hat man nun eine Grundlage für eine weitere Diskussion. Problematisch an der Methode ist vor allem die mögliche Vielzahl an unterschiedlichen Assoziationen, die eine Auswahl von interessanten und nützlichen Ideen erschwert.

Eine kleinere Form des Brainstormings ist das Blitzlicht, bei dem jeder in der Klasse oder Gruppe ein ganz kurzes Statement zum Film abgibt.

Brainwriting / 4–4–4-Methode

Dabei handelt es sich um eine Variante des Brainstormings, bei dem die Teilnehmer zunächst unbeeinflusst von der Gruppe in Ruhe ihre eigenen Gedanken zu Papier bringen sollen. In einer Gruppe von vier Personen bekommt jede ein gleichgroßes Blatt Papier, das in vier Felder aufgeteilt wird. Jede Person schreibt dann in das erste Feld eine Idee, eine Stellungnahme oder eine Frage und reicht das Blatt an den Nachbarn zur Rechten weiter. Der Nachbar kann nun inspiriert von dieser Idee darauf Bezug nehmen, eine Antwort geben oder eine Meinung abgeben. Dieser Vorgang wird drei Mal wiederholt (4-4-4-Methode: 4 Personen haben 4 auszufüllende Felder in je 4 Minuten). Auch beim Brainwriting wird während der Schreibphase nicht diskutiert oder kritisiert. Diese schriftliche Methode ist ruhiger und erlaubt auch introvertierten Schülern, ihre Gedanken unbedrängt zu notieren und fordert gezielt dazu auf, bewusst auf die Ideen der anderen einzugehen. In der zweiten Phase wählt die Gruppe wiederum die interessantesten Ideen oder Fragen zum Film und präsentiert sie dem Plenum.

Positive und negative Eindrücke[21]

Im Klassenzimmer werden drei Plakate aufgehängt, eines ist mit einem Plus, eines mit einem Minus und ein drittes mit einem Fragezeichen versehen. Jeder Schüler erhält kleine Kärtchen oder geteilte DIN-A4-Seiten und notiert auf diese seine positiven und negativen Eindrücke sowie seine Fragen. Anschließend befestigt jeder seine Kärtchen am entsprechenden Plakat. Die Lehrperson kann sich nun schnell einen Überblick über die verschiedenen Gedanken machen und daraus die wichtigsten Fragen und Ansichten als Gesprächsgrundlage heranziehen. Diese Methode bringt einen schnellen Überblick darüber, wie der Film in der Klasse angekommen ist, ob er umstritten ist oder Fragen aufwirft.

---

21 Vgl. ebd., 90 f.

3.4.2 Nacherzählungen

Bevor man sich der Analyse und genaueren Besprechung eines Films widmet, hilft eine Nacherzählung dabei, die wesentlichen Inhalte noch einmal zu rekapitulieren. Dies ist besonders empfehlenswert, wenn sich die Filmsichtung über eine oder anderthalb Wochen hingezogen hat und die Anfänge der Geschichte schon etwas im Dunkeln liegen. Durch den sprachlichen Nachvollzug kann der Film noch einmal Gestalt gewinnen und die Schüler können sich den Film in eigenen Worten aneignen.

Im Plenum geführt durch die Lehrperson

Eine einfache Möglichkeit, einen gemeinsamen und halbwegs vollständigen Überblick zu schaffen, ist eine geführte Rekapitulation im Plenum. Die Lehrperson fragt gezielt nach einzelnen Etappen des Films (»Mit welchem Problem hat der Film begonnen?«, »Welche Figuren werden uns vorgestellt?«, »Was ist passiert, nachdem …«? etc.) So wird schnell ein gemeinsamer und vollständiger Rahmen geschaffen, der die Filmhandlung vergegenwärtigt.

Nacherzählung durch einen Schüler

Um sich bewusster zu machen, wie subjektiv und unterschiedlich Erinnerungen sind, kann ein einzelner Schüler seine Erinnerungen an den Film erzählen. Je nachdem wie diese Erzählung gestaltet wird, liegt wiederum ein gemeinsamer Bezugspunkt vor, oder aber andere Schüler fügen Ergänzungen an oder machen Korrekturen. So werden die Filmbilder erneut lebendig und die Unterschiede in der Rezeption werden deutlicher.

Gedächtnisprotokoll

Die unterschiedliche Erinnerung an Filme kann noch stärker akzentuiert werden, wenn jeder Schüler ein Gedächtnisprotokoll verfasst. Wenn jeder einzelne dazu herausgefordert wird, die Filmhandlung noch einmal für sich zusammenzufassen, werden die individuellen Schwerpunkte noch einmal deutlicher. Lässt man einige Schüler anschließend das Protokoll vorlesen, werden unterschiedliche Perspektiven, Betonungen und Wahrnehmungen deutlich. Es zeigt sich dann auch, welche Elemente des Films den Schülern besonders in Erinnerung geblieben sind und einer weiteren Auseinandersetzung bedürfen.

Handlungskurve

Anhand einer Handlungskurve lässt sich die Filmerzählung auch visualisieren. Mit einer Handlungskurve wird die Dramaturgie, das »Auf und Ab« von Intensität, Spannung und Wendungen sichtbar gemacht. Exposition, Wendepunkte,

Höhepunkte und Schluss werden mit einem stärker oder schwächer ausschlagenden Graph markiert und wichtige Stationen eingezeichnet.[22]

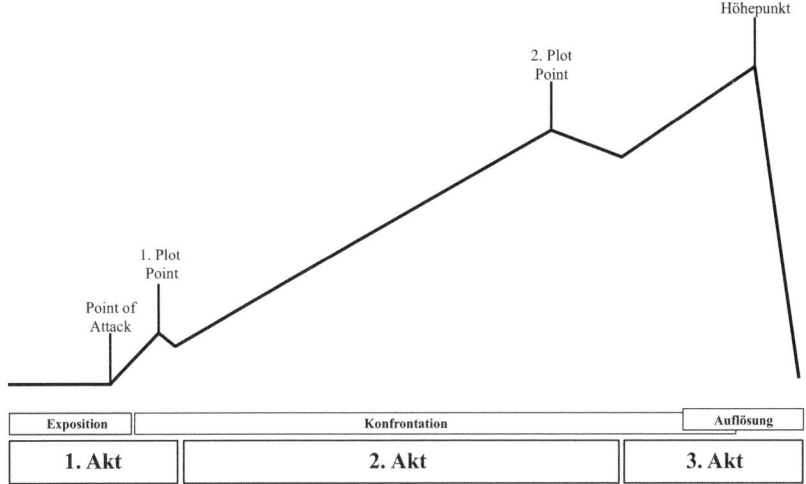

Abbildung 2: Handlungskurve

An dieser Grafik ist ein typisches Handlungsschema sichtbar: Nach der Exposition folgt der sog. »Point of Attack«, bei dem in der Mitte der ersten Aktes das Drama, der Konflikt, um den es gehen soll, offenbar wird. Daraus folgt ein Anstieg der Spannung bis zu einem Wendepunkt innerhalb der Konflikthandlung. Plot Points treiben eine Handlung voran und sorgen für Zwischenhöhepunkte und kurze Ruhephasen. Im dritten Akt findet die Spannung ihren Höhepunkt in einem dramatischen Finale, das zeitlich länger ausgestaltet wird. Nach diesem Schlusspunkt brechen Filme in der Regel nicht sofort ab, sondern lassen die Spannung kurz ausklingen. Ein solcher klassischer Aufbau sollte in der Oberstufe auch unter den Stichworten »Regeldrama« oder »aristotelisches Drama« aus dem Deutschunterricht vertraut sein.

Mit Einzelbildern den Verlauf des Films rekonstruieren[23]

Die Rekonstruktion der Filmhandlung kann durch Standbilder aus dem Film unterstützt werden. Mit einem Computerprogramm wie etwa dem *VLC media player* ist es möglich, *Screenshots* (Standbilder) zu erstellen und als Bilddatei zu speichern. Die Lehrperson bereitet dabei eine entsprechende Anzahl von aus-

---

22 Handlungskurve nach Eder, Jens: Dramaturgie des populären Films. Drehbuchpraxis und
    Filmtheorie, Hamburg: Lit 1999 (= Beiträge zur Medienästhetik und Mediengeschichte 7),
    104 sowie Hildebrand, Film: Ratgeber für Lehrer, 230 f.
23 Vgl. Maurer, Filmbildung in der Sekundarstufe I, 183.

gedruckten Standbildern vor, die von Gruppen oder der ganzen Klasse in die
richtige Reihenfolge gebracht werden muss. Bei jüngeren Kindern sind spielerische Varianten möglich, z. B. bekommt jedes Kind ein Bild und die Schüler
müssen sich entsprechend dem Handlungsverlauf in der richtigen Reihenfolge
aufstellen. Anhand der Bildfolge wird dann die Handlung rekonstruiert.

3.4.3 Analyse und Deutung

Das Kernstück jeder Auseinandersetzung mit Filmen ist natürlich deren Analyse, die auf vielfältige Weise und mit ganz unterschiedlichen Akzentuierungen
(handlungsorientiert, personenorientiert, filmtechnisch, kontextuell usw.) erfolgen kann. Dies gilt im Übrigen auch für dokumentarische Filme, die ebenso nicht
»neutral« sind, sondern deren Absichten, Gestaltung und Aussagen hinterfragt
werden können. Die Einsicht, dass auch Dokumentarfilme nicht Wirklichkeit
einfach abbilden, ist ein wichtiger Lernprozess. Zur Veranschaulichung dieses
Sachverhalts gibt es kaum ein besseres Mittel als den »Dokumentarfilm« SPIEL
MIT DEM TOD (Felix Müller, D 2005). In diesem etwa 30-minütigen Film wird
zunächst eine authentisch wirkende, schockierende Dokumentation gezeigt, die
am Ende als frei erfunden entlarvt wird. Mit kurzen Beispielen wird aufgedeckt,
wie leicht durch Schnitt, das Bedienen von Erwartungen und digitaler Bearbei-
tung dokumentarische »Wirklichkeiten« für die Rezipienten erschaffen werden,
die aber mit der Realität nichts zu tun haben.

Das wichtigste vorne weg: Für viele Filme ist es nicht notwendig, sich selbst
ausgefeilte Analysemethoden zu überlegen. Im Internet finden sich immer mehr
Materialsammlungen, gut aufbereitete didaktische Auseinandersetzungen und
weitere Unterrichtsideen zu bestimmten Filmen. Pädagogische oder Film-Platt-
formen stellen diese geordnet und mit Suchfunktion zur Verfügung. Empfehlenswert sind hier beispielsweise die Websites:

- www.kinofenster.de
- www.kinomachtschule.at
- www.filmwerk.de
- www.lernort-kino.de
- www.filmeducation.org
- www.mediamanual.at
- www.filmabc.at
- www.rpi-virtuell.net
- www.bpb.de
- www.film-kultur.de
- www.visionkino.de
- www.damaris.org

- clubfilmothek.bjf.info/listeh.php
- filmdidaktik.blogspot.co.at, u. a.

Fragebogen / Arbeitsblatt

Das meistverbreitete Mittel zur Auseinandersetzung mit einem Film ist der Fragebogen. Die Gestaltung des Fragebogens kann Fragen zur subjektiven Wahrnehmung, zu den Inhalten, zur Machart des Films (Schnitt, Ton, Narration etc.), den Figuren oder einzelnen Szenen umfassen. Fragebögen fordern jeden einzelnen Schüler zu einer Auseinandersetzung mit dem Film heraus und bieten eine gute Grundlage für eine Diskussion und Weiterarbeit. Jeder Schüler kann den ganzen Fragebogen ausfüllen, oder einzelne Gruppen widmen sich je einem Abschnitt. Einfache Fragen oder Anweisungen können dabei ebenso verwendet werden wie Raster, Timelines, Tabellen oder Bilder aus dem Film. Hier sind der Gestaltung kaum Grenzen gesetzt, je nach Unterrichtsintention, Film und Lehrplan kann man hier unterschiedliche Akzente setzen.

Die folgenden Beispielfragen sollen eine Anregung darstellen, welche unterschiedlichen Aspekte eines Films näher beleuchtet werden können:

Fragen zum subjektiven Erleben:
- Was hältst du von dem Film/wie beurteilst du ihn auf einer Skala von 1 bis 10? Begründe deine Einschätzung!
- Was kommt dir als erstes in den Sinn, wenn du an den Film zurückdenkst?
- Würdest du den Film einem Freund/einer Freundin empfehlen? Warum (nicht)?
- Welche Szene blieb dir besonders in Erinnerung?
- Was hätte man bei dem Film noch besser machen können?
- Was war am Film interessant/spannend und was nicht?
- Hat der Film etwas mit deiner Lebenssituation zu tun?
- Was konntest du (zum Thema) neu dazulernen?
- Fiktives Filmende: Versetz dich ab einer gewissen Szene in diese oder jene Figur, wie würde der Film dann enden?

Fragen zu den Charakteren:
- Welche Charaktere waren dir sympathisch, welche unsympathisch? (ev. Liste der Charaktere)
- Welche Charaktereigenschaften zeichnen die folgenden Charaktere aus? Welche Mentalität, politische Haltung etc. haben sie? Wie sehen sie aus?
- Welche unterschiedlichen Sichtweisen vertreten die Charaktere im Hinblick auf das Thema X?

– Welche Personen werden im Film besonders positiv oder negativ dargestellt?
  Mit welchen Mitteln wird das gemacht?
– Gibt es eine Person, mit denen sich das Publikum identifizieren soll? Welche, warum?
– Wie beurteilst du das Verhalten von Person X im Film?
– Wie unterscheiden sich Person X und Person Y im Hinblick auf ihren Charakter, ihre Handlungen, ihr Weltbild, ihre Sprache …?
– Welche Darsteller waren für dich besonders überzeugend?
– Welche Darsteller waren dir sympathisch/unsympathisch?
– Welche Figur würdest du am liebsten sein? Warum?
– (Bei einem Historien- oder Bibelfilm:) Vergleiche die Darstellung von X mit dem, was du über diese Person gelernt hast: Was wird besonders betont, was wird anders dargestellt?

Fragen zur Handlung:
– War die Handlung für dich immer nachvollziehbar? Wenn nein, warum nicht?
– Was ist das zentrale Thema des Films?
– Wie beurteilst du das Ende des Films? Welches Ende hast du erwartet?
– War es richtig, dass Person X so gehandelt hat? Was hätte sie anders machen können?

Gerade bei Fragen zur Handlung ist es wichtig, sie sehr spezifisch auf den jeweiligen Film abzustimmen. Hier liegt der Schlüssel zu einer guten Aufarbeitung der Narration.

Fragen zu Werten und Aussagen:
– Welche Botschaften will der Film vermitteln? Wie werden sie transportiert?
– Wird das Thema X eher positiv oder eher negativ aufbereitet? Mit welchen Mitteln geschieht das?
– Welche Ängste, Hoffnungen, Wunschvorstellungen oder Probleme lässt der Film deutlich werden?
– Welche Akteure/Personen/Institutionen in der Geschichte erfahren eine positive/negative Bewertung?
– Welche Werte und Normen vermittelt der Film?
– Welche Wertvorstellungen will der Regisseur mit dem Film transportieren?
– Was könnte man aus dem Film für die eigene Lebensführung lernen?
– Welche Kritik wird im Film an realen Verhältnissen, Institutionen etc. geübt?
– Wie siehst du die Karikierung/Lächerlichmachung von XY? Mit welchen Mitteln wird sie erreicht? Ist sie gerechtfertigt?

Fragen zur Machart des Films:
- Wie hast du die musikalische Untermalung des Films wahrgenommen?
- Welche Szenen/Personen/Handlungsverläufe sind glaubwürdig, welche über- haupt nicht glaubwürdig inszeniert worden?
- Findest du die Darstellung von X realistisch?
- Welche Freiheiten hat sich der Regisseur gegenüber den historischen Erkennt- nissen erlaubt? Warum könnte er das getan haben?
- Wie hast du den Schnitt und das Aufeinanderfolgen der einzelnen Szenen erlebt?
- Gibt es einen »unsichtbaren Erzähler«? Welche Rolle nimmt er im Film ein?
- Welches Bild von einer geschichtlichen Epoche zeichnet der Regisseur?
- An welchen Orten findet die Handlung statt? Was ist mit diesen Orten ver- bunden?

Fragen zur Thematik
- Was ist das zentrale Thema des Films?
- Welche Argumente pro/contra X werden im Film präsentiert?
- In welchen Bereichen begegnen wir der Thematik, um die sich der Film dreht?

Auch hier müssen die Fragen genau auf das Thema abgestimmt werden und können schwer allgemein formuliert werden. Die Fragen können allein die Auf- bereitung im Film betreffen, oder aber schon weiterführend sein, indem eigene Meinungen oder eine Übertragung des Filmgeschehens auf die Wirklichkeit und aktuelle gesellschaftliche Ereignisse angeregt werden.

Der Fragebogen ist ein wichtiger Bestandteil für die Filmanalyse im Unter- richt. Mit einem Fragebogen lassen sich sowohl der Film und seine Inhalte rekapitulieren als auch Impulse für eine weiterführende Auseinandersetzung mit dem Lehrplan-Thema gewinnen. Der Fragebogen erfüllt damit eine wich- tige Funktion in der Integration des Films in den Unterricht.

Filmstill-Analyse

Hier handelt es sich um eine Variante der Bildbetrachtung. Auch hier bereitet die Lehrperson Screenshots vor. Eines oder mehrere solcher Bilder von beson- ders wichtigen Szenen oder symbolhaften Momenten können je nach Mög- lichkeit mit einem Beamer an die Wand projiziert und/oder als Handout zur Verfügung gestellt werden. Ein solcher Filmstill eignet sich für eine besonders intensive Auseinandersetzung mit Symbolik und Bildsprache des Films. Dabei können technische Aspekte (Kameraeinstellung) ebenso analysiert werden wie

Farbgebung, Bildaufbau, Mimik, Gestik, Raum, Licht und symbolische Bezüge. Für die Filmstill-Analyse gelten im Prinzip dieselben methodischen Richtlinien wie für die Bildbetrachtung allgemein. Diese Methode erfordert ein starkes Konzentrationsvermögen, da sich ein Bild erst sehr langsam erschließt. Je eher man Bildbetrachtungen im Unterricht geübt hat, umso mehr legen sich Film-still-Analysen als eine gewinnbringende Unterrichtsmethode nahe.

Lektüre von Filmkritiken

Zu jedem Film liegt in der Regel eine Fülle von Filmkritiken vor, die zu einem großen Teil auch im Internet abrufbar sind. Für eine Auseinandersetzung mit einem Film ist es interessant, unterschiedliche Bewertungen und Kritiken mit-einander und mit der eigenen Wahrnehmung zu vergleichen. Damit sind die Schüler herausgefordert, auf einer Metaebene ihre eigene Meinung und Wahr-nehmung des Films noch einmal zu reflektieren. Gerade bei älteren Filmen und entsprechenden Rezensionen bieten Kritiken zudem einen Einblick in die Wahrnehmung des Films entsprechend der Sehgewohnheiten vergangener Jahr-zehnte. Auch kontroverse Filme wie Das Leben des Brian (Terry Jones, UK 1979) oder American History X (Tony Kaye, USA 1998) lassen sich anhand von unterschiedlichen Filmkritiken gut besprechen. Damit gewinnen die Schü-ler einen Einblick in die Rezeptionsgeschichte eines Films und nehmen ihn als kulturellen Referenzpunkt wahr.

Vergleich der literarischen Vorlage mit dem Film

Falls der Film eine literarische Grundlage hat, kann es interessant sein, diese Vorlage mit ihrer filmischen Interpretation zu vergleichen. Hier sind natür-lich, abgesehen von Kurzgeschichten, der Auseinandersetzung zeitliche Gren-zen gesetzt, sodass sich der Vergleich sinnvollerweise auf einzelne Passagen beschränkt. Gut eignen sich hingegen Bibeltexte oder Auszüge daraus, die mit der Filminszenierung verglichen werden.

Ein Spezialfall, der eine besonders intensive Beschäftigung mit dem Medium Film darstellt, ist der Vergleich des Drehbuchs mit dem daraus entstanden Film. Hier lassen sich besonders die Eigenheiten des Films zum Medium »Text« herausarbeiten und die Entwicklung von Filmen wird nachvollziehbar. Engli-sche Originaldrehbücher von einer großen Zahl an Filmen finden sich auf der Website *www.script-o-rama.com.* Einzelne Passagen lassen sich notfalls auch schnell ins Deutsche übersetzen. Mit den Drehbüchern dringt man analytisch ganz klar in die filmtechnische Mikrostruktur vor und übt das genaue Sehen. Thematische Fragen sind hier sekundär.

Diskussion im Plenum

Ähnlich wie beim spontanen Filmgespräch findet hier eine von der Lehrperson geleitete Auseinandersetzung mit dem Film statt, die jedoch die Ergebnisse der Analysen berücksichtigt und auf deren Basis gezielte Impulse und Fragestellungen aufwirft. Hier ist es wichtig, dass die Lehrperson einen Überblick über die Ergebnisse der Fragebögen oder der ersten Assoziationen hat und die Diskussion entsprechend zu leiten versteht. Wichtige Grundfragen und -themen können dabei an der Tafel visualisiert werden, sodass Doppelungen oder Wiederholungen von Argumenten vermieden werden. Als Gesprächsregel gilt auch hier das schon zum »spontanen Filmgespräch« Gesagte (vgl. S. 51 f.). Wie bei allen Diskussionen in größeren Gruppen ist auch hier die Wahrscheinlichkeit groß, dass einzelne Schüler das Geschehen dominieren bzw. Schüler ihre Verantwortung für die Diskussionsbeteiligung an diese Kollegen abgeben.

Debatte

Für eine Debatte gelten prinzipiell dieselben Regeln wie für eine Diskussion im Plenum, es soll jedoch eine konkrete Thematik, ein bestimmter Aspekt des Films diskutiert werden. Eine Debatte ist also sehr stark auf einen einzelnen Sachverhalt konzentriert und entscheidungsorientiert. Am Ende einer Debatte soll eine Abstimmung über das Thema stehen, sodass im Vorhinein Pro- und Contra-Argumente diskutiert und abgewogen werden sollen. Eine Debatte ist nützlich, wenn sich ein Film vor allem um eine bestimmte Entscheidung oder eine spezielle, kontroverse Thematik dreht. In einer Debatte üben die Schüler vor allem, sich in einer Diskussion auf einen wesentlichen Punkt zu konzentrieren und nicht argumentativ und thematisch abzuschweifen.

Karussellgespräch / Kugellager

Mittels Los oder Abzählen werden die Schüler einem Innenkreis und einem Außenkreis zugeteilt und setzen sich entsprechend in einem doppelten Kreis zueinander zugewandt hin. Die Lehrperson gibt ein Thema, das den Film betrifft, vor, über das sich die Schüler austauschen sollen. Dabei sollen auch Notizen gemacht werden. Nach einiger Zeit rücken die Schüler des Innenkreises einen oder zwei Plätze weiter und finden so einen neuen Partner, mit dem sie vorhandene Gedanken aufgreifen oder neue entwickeln können. Mit dieser Methode wird sichergestellt, dass alle Mitglieder einer Klasse ihre Gedanken äußern können. Das konstruktive Voneinander-Lernen und Miteinander-Sprechen wird geübt. Die Ergebnisse der Gespräche können dann an der Tafel gesammelt und noch einmal im Plenum besprochen werden. Verschiedene Varianten sind möglich: Innen- und Außenkreis können unterschiedliche Themen und Fragen ins Gespräch einbringen, oder nach ein bis zwei Runden werden weiterführende, vertiefenden Fragen von der Lehrperson gestellt, die auf den ersten Runden aufbauen.

Fishbowl

Auch hier wird mit einem Innen- und einem Außenkreis gearbeitet, in diesem Fall blicken jedoch alle Beteiligten zur Mitte des Kreises. Bei dieser Methode diskutiert eine kleine Gruppe von Teilnehmern im Innenkreis das Thema, während die übrigen Teilnehmer in einem Außenkreis die Diskussion beobachten. Will sich nun jemand von außen in das Gespräch einschalten, gibt es zwei Möglichkeiten: Entweder wird von Anfang an ein leerer Gaststuhl vorbereitet, auf den sich ein Schüler der Außengruppe setzen kann und so lange sitzen bleibt, bis seine Frage oder Stellungnahme ausreichend besprochen wurde, oder ein Schüler aus dem Außenkreis klopft einen aus dem Innenkreis ab und begibt sich an dessen Stelle in den aktiven Innenkreis. Ein Schüler aus dem Innenkreis kann auch freiwillig das Feld räumen, der Platz wird dann von einem anderen Schüler besetzt. Die Lehrperson moderiert und achtet auf die Einhaltung der Regeln. Diese Methode erleichtert es ruhigeren Schülern, sich in ein Gespräch einzuschalten, zugleich werden auch Dominanzverhältnisse in der Klasse sichtbar, wenn der Außenkreis seine Beobachterrolle gut ausübt.

Streitgespräch / Gerichtsverhandlung

Diese Gesprächsmethode geht nicht von eigenen Perspektiven aus, sondern fordert die Schüler dazu heraus, eine fremde Haltung anzunehmen und dafür zu argumentieren. Die Klasse wird dabei in zwei (Befürworter und Gegner) oder drei (zusätzlich: Beobachter) Gruppen eingeteilt. Die Schüler sollen nun eine kontroverse Frage, die sich aus dem Film ergibt, diskutieren und entsprechend ihrer Gruppenzuteilung Argumente sammeln und für ihre Position einstehen. Die Beobachter achten auf die korrekte Argumentation und bewerten deren Plausibilität. Dies kann anhand von Leitfragen geschehen, z. B.: »Welche Argumente beeindrucken?«, »Welche Argumente fehlen?« oder »Waren eher die Argumente oder der Vortragsstil entscheidend?« Je nach Variante kann es dem Publikum auch erlaubt sein, in das Gespräch einzugreifen und zusätzliche Fragen oder Argumente einzubringen. Die Methode eignet sich besonders für Fragen, bei denen es klare, oppositionelle Meinungen und wenig Grauschattierungen gibt.

Besonders interessant wird eine Personalisierung der Streitfrage: Das Pro- und Contra-Gespräch wird anhand einer Filmfigur geführt, gegen die ein Prozess inszeniert wird, etwa aufgrund eines schuldhaften Verhaltens in der Filmerzählung. Die Schüler nehmen dann die Rolle von Anklägern, Verteidigern, Richtern und Geschworenen ein, auch der Beschuldigte selbst kann eine Rolle spielen. Wichtig ist nicht ein rasches Urteil, sondern eine Auseinandersetzung mit Beweggründen oder Umständen, die sich aus dem Film ableiten lassen.

Schriftliche Wiederholung und Reifeprüfung

Selbstverständlich ist es auch möglich, eine schriftliche Wiederholung oder ein Quiz zur Sicherung der Filminhalte zu machen. Weiterführender und interessanter ist die Überlegung, Filmsequenzen und die Auseinandersetzung mit ihnen als Abitur-/Maturafrage vorzubereiten. Gerade im Hinblick auf die kompetenzorientierte Reifeprüfung können Filme ein Mittel sein, verschiedene Kompetenzen von Wissen, Anwendung und eigenständigem Weiterdenken zu üben und schließlich bei der Matura selbst sinnvoll einzusetzen. Die technischen Möglichkeiten für die Wiedergabe kurzer Filmszenen bei der Matura sind gegeben, sodass nichts dagegen spricht, Vorbereitung (mit Laptop und Kopfhörern) und Prüfung (mit Beamer) mit einer Filmszene zu beginnen und dann Hintergrundwissen abzufragen, eine eigenständige Filmanalyse durchzuführen und Vergleiche und weiterführende Gedanken anzuregen, womit eine mustergültige kompetenzorientierte Reifeprüfung erreicht wird.

3.5 Ausdruck: Kreative Weiterarbeit

Wenn es für die Auseinandersetzung mit dem Film, für die Klasse und vor allem den Zeitplan passend ist, ist die eigene kreative Beschäftigung mit einem Film das Sahnehäubchen eines gelungenen Filmeinsatzes im Unterricht. Hier wird insgesamt eine große Bereitschaft sowohl von der Lehrperson als auch von den Schülern verlangt, an einer Filmthematik dranzubleiben und sich kreativ zu betätigen. Durch den Einsatz von Computern ist es mittlerweile möglich, direkt am Film durch Schnitt oder Neuvertonung zu arbeiten, aber auch andere, »analoge« Möglichkeiten des kreativen Ausdrucks stehen zur Verfügung.

Verfassen einer Filmkritik

In der Schule wird gerne geschrieben, und so liegt das Verfassen einer eigenen Filmkritik als einfache Methode auf der Hand. Gerade für Filmkritiken, die in Zeitungen abgedruckt werden, steht nur eine geringe Menge an Zeichen zur Verfügung. Eine solche Kritik mit formalen Vorgaben verlangt eine kritische Auseinandersetzung mit dem Film und schult das prägnante Formulieren nach festen Vorgaben. Die verfassten Kritiken können im Plenum oder in Gruppen verglichen werden, interessant ist auch ein Vergleich mit tatsächlichen Filmkritiken.

So wird eine reflexive Auseinandersetzung mit der eigenen Filmwahrnehmung
angeregt. Die Bestandteile einer Filmkritik müssen zuvor anhand von Vorbildern
erläutert werden: Kritiken beziehen sich in der Regel auf Handlung (Dramaturgie, Konflikte, Thematik …), formale Gestaltung (Ton, Bild, Licht, Montage …),
schauspielerische Leistung (Glaubwürdigkeit), Genre und das subjektive Empfinden. Als »üblicher« Kern an Bewertungskriterien können Regie, Darsteller,
Unterhaltungswert, Dramaturgie, Schlüssigkeit und Filmästhetik gelten. Darüber hinaus sollte man sich genau überlegen, wie viele Details man in die Kritik packt, ob das Ende des Films verraten werden soll und die Rezension auch
ohne Kenntnis des Films von den Leserinnen und Lesern verstanden werden
kann.[24] Auch im Deutschunterricht werden die Textsorten »Kritik« und »(ver-
gleichende) Empfehlung« im Hinblick auf die Kompetenzorientierung immer
bedeutsamer, sodass hier ein fächerübergreifendes Arbeiten möglich ist.

Kampagnen / Aussendungen

Eine Variante der eigenen Filmkritik ist der Versuch, den Film aus der Perspektive einer anderen Person/Institution zu betrachten und zu überlegen, wie diese
den Film bewerten, kritisieren oder bewerben würde. Mit welchen Argumenten, in welchem Stil würde man als Kinoinhaber oder Werbechef der Produk-
tionsfirma den Film anpreisen? Wie würde ein Verein von Leuten, die von der
Problematik, die im Film dargestellt wird, betroffen sind, in einer Presseaussen-
dung reagieren? Wie könnte eine öffentliche Kritik oder Gegenkampagne der
Katholischen Kirche oder eines Elternverbandes aussehen? Mit welchen Worten könnte ein Pfarrer einen Film seiner Gemeinde besonders ans Herz legen?
Wie würde ich den Film als Programmdirektor einsetzen: Bei welchem TV-
Sender, zu welcher Uhrzeit, mit welcher Altersfreigabe? Warum? Mit Fiktionen
dieser Art kann man nachspüren, wie unterschiedlich Filme rezipiert werden,
und welche Interessen (finanziell, moralisch, religiös …) damit verbunden sind.

Kreation einer Werbung

Die Schülerinnen sollen ein Inserat für den Film erstellen. Dazu ist zunächst zu
überlegen, welche Zielgruppe man ansprechen will und in welchem Medium
inseriert werden soll. Die Schüler wählen dann Einzelbilder aus dem Film aus
und schreiben einen kurzen, prägnanten Text, der zum Kinobesuch motivieren
soll. Interessant ist hier, welche Bilder ausgewählt werden, welcher unterschiedliche Eindruck vom Film durch die Bildauswahl geschaffen wird, welche Aspekte

---

24 Vgl. http://www.mediamanual.at/mediamanual/leitfaden/filmgestaltung/filmkritik/kriterien.
    php.

des Films besonders betont werden (Spannung, Spezialeffekte, herausragende Schauspieler u.v.m.), und auf welche Grundelemente man Botschaft und Handlung des Films herunterbricht. Auch hier kann ein abschließender Vergleich der Inserate zeigen, wie unterschiedlich Filme wahrgenommen werden.

Verfassen von Briefen/Gedanken

Eine weitere schriftliche Methode ist das Verfassen von Briefen an eine Hauptfigur aus dem Film, oder das Verfassen eines Briefs aus der Sichtweise einer Filmfigur. Die Schüler sollen versuchen, sich in eine Filmfigur hineinzuversetzen, etwa um Beweggründe für ihr Verhalten zu erklären, oder einen fiktiven Gedankengang niederzuschreiben: »Was könnte sich Figur X in der Szene Y gedacht haben, warum hat sie sich gerade so entschieden?« Durch diese Technik wird versucht, die Innenperspektive der Figuren zu erschließen, die in Filmen nur selten thematisiert wird (es werden eher die Handlungen einer Person gezeigt). Die Vorstellungen von der möglichen psychisch-emotionalen Verfassung einer Filmfigur müssen dabei natürlich mit dem Filmgeschehen kohärent bleiben. Schließlich kann man die Idee weiter auf sich beziehen: Wie hätte ich mich in der Situation gefühlt? Welche Handlung hätte ich gesetzt?

Verfassen eines alternativen Schlusses

Das Ende eines Films ist oft überraschend oder unbefriedigend. Handlungen können auch anders ausgehen, und es bietet sich für Schüler an, alternative oder bessere Schlussszenen eines Films zu entwerfen. Der eigene Entwurf eines Schlusses kann frei auf Basis der Filmhandlung erfolgen oder anhand einer konkreten Frage, z. B. »Wie wäre der Film ausgegangen, wenn Person X nicht gelogen, sondern rechtzeitig die Wahrheit gesagt hätte?« Man kann überlegen, warum der Film gerade auf diese Weise endet und alternative Enden diskutieren. Auf diese Weise lernen die Schüler Filme als etwas Konstruiertes und Konzipiertes zu verstehen, etwas, das bestimmte Intentionen und Färbungen hat. Als Variante können Schüler unterschiedliche »Was wäre wenn …«-Formulierungen erhalten, sodass alternative Schlüsse aus verschiedenen Blickwinkeln verfasst werden.

Schlüsselbilder isolieren[25]

Hat man eine digitale Version des Films, können die Schüler mit Laptops oder im Informatiksaal allein oder in Gruppen die für sie zehn wichtigsten Einzelbilder des Films isolieren, ausdrucken und handschriftlich kommentieren. Auf diese Weise entstandene Storyboards liefern eine gute Grundlage für Filmge-

---

25 Vgl. Maurer, Filmbildung in der Sekundarstufe I, 183.

spräche: Welche Bilder wurden ausgewählt? Was haben die Schüler als unterschiedlich wichtig empfunden?

Filmtrailer erstellen

Eine besonders anspruchsvolle, aber auch intensive kreative Aneignung des Films ist das Erstellen eines eigenen Filmtrailers. Dies lässt sich mit einer Videodatei am leichtesten bewerkstelligen. Benötigt werden eine entsprechende Anzahl von leistungsfähigen PCs (hier ist die Einmietung in einen Informatiksaal notwendig, oder aber man unterrichtet eine Laptop-Klasse), eine ausreichende Anzahl an Kopien der Videodatei und ein einfaches Videoschnitt-Programm, von denen es eine Reihe auch als Open-Source-Projekte frei verfügbar gibt, etwa *Avidemux, Cinefx, Movie Maker* oder speziell für Linux *OpenShot* oder *Kdenlive*. Auch die Schnittsoftware *Lightworks* ist 2013 in einer freien sowie einer Linux-Version erschienen. Hier muss man die Systemadministratoren darum bitten, die gewünschte Software zu installieren, falls diese noch nicht auf den Schul-PCs vorhanden ist. Zur Übung mit der Schnitttechnik kann man sich hier als Lehrperson gut zu Hause vorbereiten. Der Download der Software sollte aus Sicherheitsgründen nur von den Projekt-Websites selbst oder von einer seriösen Plattform (z. B. *www.heise.de* oder *www.chip.de*) erfolgen. Detaillierte Anleitungen für die gewählte Software lassen sich ebenso problemlos im Internet finden.

Mithilfe der Videoschnitt-Software ist es möglich, einzelne Passagen aus dem Film zu schneiden, aneinanderzureihen, neu zu ordnen und auch mit selbst gewählter Musik zu unterlegen. Da ein Filmtrailer Werbung für den Film machen soll, können die Schüler nicht einfach frei arbeiten, sondern müssen sich überlegen, welche Zielgruppe besonders angesprochen werden soll, welche Szenen neugierig machen, welche nicht offenbart werden sollen und wie ein Maximum an Interesse bei der angestrebten Zielgruppe erreicht werden kann. Es bedarf also das Erstellen eines kleinen »Drehbuchs« für den Trailer selbst. Diese Methode muss natürlich zunächst mit kurzen Filmen und der entsprechenden Software geübt werden, führt aber, wenn sich die Klasse dafür begeistern kann, zu höchst kreativen Prozessen. Anschließend können die Trailer gemeinsam angesehen und besprochen werden.

Szenen mit Musik unterlegen

Um zu zeigen, welche Bedeutung Ton und Musik für die Filmkunst haben, können einzelne, besonders wichtige oder dramatische Filmszenen von den Schülern mit neuer musikalischer Begleitung unterlegt werden, wozu wiederum die oben genannten Programme genutzt werden können. Die Schüler können überlegen, welche Musik, die sie z. B. auf ihrem MP3-Player oder Smartphone gespeichert haben, für diese Szene geeignet wäre. Eine Szene kann dann experimentell mit verschiedenen musikalischen Untermalungen angesehen werden. Dabei sollen die Schüler auf die veränderten Wirkungsweisen des Films achten und die Musikuntermalung und ihre Eindrücke bewerten. Damit wird ein stärkeres Bewusstsein dafür geschaffen, dass Filme mehr sind als »bewegte Bilder«, sondern ganz wesentlich von musikalischen Elementen leben. Klassisch werden dabei drei Techniken unterschieden: Die Paraphrasierung (die Entsprechung von Musik und Bildgeschehen, die bis zu einer exakten Rhythmik von Bild und Ton gehen kann), die Polarisierung (mit der einer Szene eine bestimmte Tiefe, eine bestimmte Stimmung verliehen werden soll) und die Kontrapunktierung (mit der ein entgegengesetzter Stimmungseffekt erzielt wird). Mit allen drei Techniken können die Schüler experimentieren.

Eigene Filmidee entwickeln

Die Schüler können in Gruppen eigenen Filmideen entwickeln, die entweder die Filmhandlung oder das Schicksal einzelner Filmfiguren weiterführen, oder aber zum Film- bzw. Unterrichtsthema ein gänzlich neues Konzept entwickeln. Hier wird zunächst eine in wenigen Sätzen formulierte Grundidee definiert, in der die wesentlichen Personen, eine Richtung, in die die Geschichte gehen soll, und thematische Schwerpunkte skizziert werden. Dann gilt es, die Geschichte präziser zu entwickeln, wichtig sind dabei eine Eröffnung, Zwischenhöhepunkte, Wechsel und die Auflösung am Ende des Films. Psychologische Grundthemen (Liebe, Hass, Rache, Gier, Eifersucht, Angst, Hoffnung …) geben der Geschichte einen emotionalen Unterbau. Mit einem Storyboard lässt sich die Geschichte mit ihren tragenden Personen veranschaulichen. In einer grafischen Skizze werden die Hauptfiguren und ihre charakterlichen Eigenschaften, ihr Beziehungsverhältnis und die Handlungsentwicklung gezeichnet. Wichtige Entscheidungs- oder Wendepunkte werden entsprechend mit einen Hinweissymbol markiert. Dabei können auch schon Nebenhandlungen entwickelt werden. Die Schüler können dann ihr Story-Reißbrett auf ein Plakat zeichnen und der Klasse präsentieren.

Ausklang

Auch die intensivste Auseinandersetzung mit einem Film ist irgendwann zu Ende. Je nachdem, an welche Stelle in der Unterrichtsplanung der Film gelegt wurde, wird ein Thema nun begonnen, weitergeführt oder abgeschlossen. Eine kurze Zusammenfassung der Filmthematik und der Ergebnisse der Auseinandersetzung mit dem Filmblock durch die Lehrperson schließen diesen ab und führen thematisch weiter bzw. bilden den Schlussstein einer Unterrichtssequenz.

4. 111 Filmtipps für den Religionsunterricht

In diesem Kapitel folgen Vorstellungen von insgesamt 111 Filmen und einer Filmreihe, die nach für den Religionsunterricht relevanten Themen geordnet sind. Sie bestehen aus Grundinformationen, einer zusammenfassenden Handlungsbeschreibung, einem Kommentar sowie, wenn vorhanden, Links zu im Internet abrufbarem Unterrichtsmaterial.

Die Grundinformationen umfassen den deutschen Verleihtitel, den Originaltitel, Angaben zu Regie, Herstellungsland, Veröffentlichungsjahr und Länge sowie die Hinweise von FSK und JMK zum Schutzalter und mögliche Empfehlungen durch katholische, evangelische oder ökumenische (Medientipp)[1] Filmbewertungen Die Inhaltsangabe fasst die Handlung des Films möglichst kurz und einfach zusammen, der anschließende Kommentar gibt Hinweise zum Unterrichtseinsatz und zur Machart des Films. Am Ende folgt die Angabe eines Internetlinks, unter dem Unterrichtsmaterial und/oder Hintergrundinformationen bezogen werden können.

Die Auswahl der Filme speist sich aus verschiedenen Quellen: Eigene Unterrichtserfahrungen, Befragungen von Religionslehrerinnen und -lehrern, die langjährige Forschungsarbeit des Instituts für Fundamentaltheologie an der Universität Graz zum Thema »Film und Theologie«, Empfehlungen christlicher Filmkritik und der österreichischen Jugendmedienkommission (JMK), Literatur sowie Internetforen. Wert gelegt wurde dabei auf die prinzipielle Eignung der Filme für den Unterricht, ihre Verbindung mit wesentlichen Grundthemen eines modernen Religionsunterrichts und ihre künstlerische und technische Angemessenheit für die Schüler von heute. Da man diese nicht über einen Kamm scheren kann, sind Filme unterschiedlicher Genres und Machart angeführt, sodass ein für die jeweilige Altersstufe und Klassensituation geeigneter Film ausgewählt werden kann.

---

1 Bei »Medientipp« handelt es sich um einen Plattform des Schweizer Katholischen Mediendienstes und der Reformierten Medien.

Besonders empfehlenswert ist das Heranziehen des Internets für die Weiterarbeit mit diesen Vorschlägen: Streaming-Plattformen wie YouTube stellen Trailer und Filmausschnitte zur Verfügung, mit denen man sich ein erstes Bild von einem Film machen kann. Unterrichtsmaterial und Hintergrundinformationen sind für den Großteil der angeführten Filme ebenso verfügbar, wobei Links zu besonders empfehlenswertem Unterrichtsmaterial am Ende einer Filmbeschreibung angeführt sind.

Selbstverständlich liegt der Endauswahl auch eine gewisse Subjektivität zu Grunde, sodass in keiner Weise ein Anspruch auf Vollständigkeit gestellt wird. Sollte ein bewährter Lieblingsfilm nicht in der Liste aufscheinen, ist das keine Kritik an dessen Einsatz. Die Entscheidung, welcher Film in welcher Unterrichtssituation eingesetzt wird, obliegt immer und allein der Lehrperson. Wenn diese Liste ein paar neue Anregungen und vielleicht zukünftige Lieblingsfilme beinhaltet, so hat sie ihren Zweck erfüllt.

Themenbereiche

Apokalypse, Endzeit und Erlöser
Armut
Asiatische Religionen
Bibel
Drogen und Sucht
Freiheit, Zwang und Gewissen
Fundamentalismus, Extremformen und Missbrauch von Religion
Gerechtigkeit, Soziallehre, Frieden
Gewalt
Gott, Glaube und Kirche
Islam und Migration
Jesus Christus
Judentum und Shoa
Kirchengeschichte
Leben, Glück und Liebe
Leben mit Behinderung
Lebensbilder heiliger und gläubiger Menschen
Leid, Tod und Hoffnung
Menschenwürde, Diskriminierung und aktuelle ethische Fragen
Religionskritik und Atheismus
Schuld, Sünde, Vergebung
Sekten/Neureligiöse Bewegungen
Sterbehilfe

Teufel und Exorzismus
Todesstrafe
Wirtschafts- und Medienethik

Apokalypse, Endzeit und Erlöser

Children of Men
USA/Großbritannien 2006. Regie: Alfonso Cuarón. 106 Min.
FSK 16/JMK 14: empfehlenswert als Diskussionsfilm ab 14 Jahren.

London im Jahre 2027: Schon seit über 18 Jahren wurde aus unbekannten Gründen auf der Erde kein Kind mehr geboren, zudem erschüttern Anarchie und Terrorismus die politische und soziale Stabilität. Das Aussterben der Menschheit scheint absehbar. Großbritannien versucht durch rigoroses Vorgehen gegen Flüchtlinge Immigrationswellen aufzuhalten, um die Ordnung im Land noch aufrechterhalten zu können. In diesem Szenario wird Kee, eine junge, farbige illegale Einwandererin als erste Frau seit über 18 Jahren schwanger. Der Regierungsangestellte Theo Faron erhält von seiner Ex-Frau Julian, der Anführerin des mysteriösen Netzwerks »Fishes«, den Auftrag, Kee an einen sicheren Ort zu bringen, von wo aus sie zum »Human Project« gelangen soll. Hierbei handelt es sich um eine geheime Gruppe von Wissenschaftlern, die Wege für den Fortbestand der Menschheit suchen. Auf ihrer gefahrvollen Reise gelangen sie in ein Flüchtlingslager in Bexhill, wo Kee eine Tochter zur Welt bringt. In der Stadt kommt es zu Kämpfen zwischen der Armee und bewaffneten aufständischen Flüchtlingen, die von den »Fishes« unterstützt werden. Als die Kämpfenden das Baby sehen, entsteht eine kurze Waffenruhe, und Theo schafft es, Kee und das Baby zum »Human Project« zu bringen, bevor er an einer Schusswunde stirbt.

Der düstere und pessimistische Film zeigt eine menschliche Welt kurz vor ihrem Untergang, in der das neugeborene Kind einer Ausgestoßenen zur letzten Hoffnung wird. Damit entsteht eine bewusst so akzentuierte Neuinterpretation der Weihnachtsgeschichte, die durch eine Vielzahl an religiösen Symbolen unterstrichen wird. Auch der Filmtitel bezieht sich auf Psalm 90,3: »Thou turnst man to destruction; and sayest: ›Return, ye children of men!‹« Die Zukunftsbilder verweisen zugleich auf heutige Probleme: Zurückdrängung der Bedeutung von Elternschaft, Flüchtlingsproblematik, Internierungslager und Zunahme sozialer Spannungen sind Diskussionsthemen, die sich aus dem Film ableiten lassen.

Matrix

The Matrix. USA/Australien 1999. Regie: Larry u. Andy Wachowski. 131 Min. FSK 16/JMK k.A.

Der Hacker Thomas Anderson, der sich im Internet »Neo« nennt, erhält immer wieder mysteriöse Kontaktaufnahmen. Nach einem weiteren Anruf eines Unbekannten, der ihm noch zur Flucht verhelfen will, wird er von Agenten festgenommen und verhört. Sie legen ihm Cyberverbrechen zur Last und befragen ihn über einen Terroristen namens »Morpheus«, bevor ihm ein seltsames Gerät eingepflanzt wird. Im nächsten Moment erwacht er aus diesem Albtraum. Kurze Zeit später wird Neo tatsächlich von Morpheus kontaktiert, der ihm erklärt, dass er ein Gefangener der »Matrix« sei, er ihn aber befreien könne. Neo willigt ein und erfährt von Morpheus die Wahrheit: Die Menschheit verlor vor langer Zeit einen Krieg gegen intelligente Maschinen, im Zuge dessen die Welt verwüstet wurde. Die Maschinen züchten nun menschliche Körper in riesigen Plantagen zur Energiegewinnung. Um das Bewusstsein dieser Körper zu kontrollieren, sind sie an das Computernetzwerk »Matrix« angeschlossen, welches ihnen mittels virtueller Realität eine heile Welt vorgaukelt. Auch Neos bisheriges Leben war nur eine Fiktion der Matrix. Morpheus und seine Gefolgschaft sind freie Menschen und hacken sich immer wieder in die Matrix ein, um das Bewusstsein von Menschen zu befreien. Die Agenten hingegen sind Konstrukte der Matrix, die dies zu verhindern versuchen. Morpheus hält Neo für den Auserwählten, von dem eine Prophezeiung ankündigt, dass er die Matrix überwinden und nach eigenen Wünschen verändern kann. Aufgrund eines Verrats gerät die Unternehmung jedoch in Gefahr. Neo scheint zu scheitern und wird von einem Agenten erschossen, erfährt jedoch eine Art »Auferstehung« und verfügt nun tatsächlich über die Fähigkeit, die Matrix zu manipulieren. Er kündigt am Ende des Films an, die Menschheit von der Matrix befreien zu wollen.

Der mit mehreren Oscars ausgezeichnete Film ist zu einem Kultfilm avanciert, der auch die Aufmerksamkeit von Theologen und Religionspädagogen geweckt hat. Dies liegt nicht nur am klassischen Apokalyptik- und Messias-Szenario, sondern an einer bewusst gesetzten Vielzahl von christlichen und religiösen Symbolen, Metaphern und Anspielungen. Auch philosophische Ideen, wie die Frage nach der Realität der Welt, die wir wahrnehmen, werden diskutiert (vgl. das Höhlengleichnis Platons) und bieten breite Anknüpfungspunkte für eine religionspädagogische Aufarbeitung.

Entsprechend der »religionspädagogischen Matrixtradition« gibt es im Internet eine derartige Fülle an Unterrichtsmaterial, dass hier nur das besonders ausführliche Heft des Instituts für Theologie und Politik erwähnt werden soll, das sich unter http://www.itpol.de/store/assets/own/matrix.pdf finden lässt. Über

Suchmaschinen lassen sich freilich noch unzählige andere Anregungen und
Materialien finden.

Armut

PRECIOUS – DAS LEBEN IST KOSTBAR
Precious. USA 2009. Regie: Lee Daniels. 110 Min. FSK 12/JMK 14:
sehr empfehlenswert als Milieustudie/Familiendrama ab 14 Jahren.
Kinotipp der Katholischen Filmkritik.

Die Afroamerikanerin Claireece »Precious« Jones wächst im Armenviertel von
Harlem/New York auf. Sie ist 16 Jahre alt, HIV-positiv, stark übergewichtig, funk-
tionale Analphabetin, Mutter eines bei der Großmutter lebenden Kindes mit
Down-Syndrom und zum zweiten Mal schwanger. Im Laufe des Films werden
ihre prekären Familienverhältnisse deutlich: Ihre depressive Mutter lässt ihren
Frust regelmäßig an ihr aus, der Vater von Precious Kindern ist ihr eigener Vater,
der sie mehrfach vergewaltigt hat. Gegen den Willen ihrer Mutter kommt Precious zum Lernprojekt »Each One Teach One« und lernt dort immer besser
zu lesen und zu schreiben. Obwohl sie sich einer Sozialarbeiterin anvertraut,
reagiert diese nicht zunächst nicht weiter auf den Inzestfall. Nach der Geburt
ihres zweiten Kindes kommt es zum Bruch mit ihrer Mutter. Die Sozialarbeiterin arrangiert noch einmal ein Treffen zwischen Precious und ihrer Mutter, bei
dem diese die ganze Wahrheit über den regelmäßigen Missbrauch durch ihren
Lebensgefährten erzählt. Precious hört ihr zu, verabschiedet sich dann aber für
immer von ihrer Mutter, holt auch ihr erstes Kind zu sich und versucht, mit
ihren beiden Kindern ein eigenes Leben zu beginnen.

Mit hartem Realismus schildert der vielfach ausgezeichnete Film die Zustände
in der von Armut und Perspektivenlosigkeit geprägten Welt des schwarzen Ghettos. In dieser Trostlosigkeit gelingt es Precious dennoch, sich zu emanzipieren.
Der provokante Film eignet sich als Diskussionsgrundlage und Augenöffner für
die versteckte soziale Not in den westlichen Wohlstandsgesellschaften, zeigt aber
auch, dass soziales Engagement etwas bewirken kann.

SALAAM BOMBAY!
Indien/Frankreich/Großbritannien 1988. Regie: Mira Nair. 113 Min.
FSK 12/JMK k.A. Kinotipp der Katholischen Filmkritik.

Ein Film über das Leben der Straßenkinder von Mumbai. Der junge Krishna
wird von seiner Mutter zur Arbeit in einen Zirkus geschickt. Als er von einer
Besorgung zurückkommt, ist der Zirkus weitergezogen und Krishna völlig auf
sich allein gestellt. Für eine Rückkehr nach Hause fehlt ihm das Geld. Er ent-

schließt sich daher, in das nahe gelegene Mumbai zu gehen, wo er ins Rotlicht-viertel gelangt und dort Arbeit findet. Im Umfeld des Elendsviertels und in schlechter Gesellschaft erscheint es jedoch immer unmöglicher, genug Geld für eine Heimreise anzusparen. Nach Verlust seines Jobs schlägt er sich mit Gelegenheitsarbeiten durch und taucht immer mehr in die Welt des Rotlicht-milieus ein. Scheinbar für immer gefangen, träumt er weiter von der Rückkehr zu seiner Mutter.

Mira Nairs bewegender Film erweist sich als aufrüttelnde Sozialstudie über das Elend der Straßenkinder in den überfüllten Großstädten Indiens. Krish-nas kindliche Güte steht in der Spannung zur erbarmungslosen Realität seiner Lebenswelt, die hier detailreich aufgearbeitet wird. Eine Möglichkeit, Schüler mit dem Elend der Entwicklungsländer zu konfrontieren

CITY OF GOD
Cidade de Deus. Brasilien/Frankreich/USA 2002. Regie: Fernando Meirelles/ Kátia Lund. 128 Min. FSK 16/JMK 14: sehr empfehlenswert als Doku-Drama ab 14 Jahren. Medientipp-Film des Monats.

Orientiert am gleichnamigen Roman von Paulo Lins beschreibt CITY OF GOD das Leben in den von Gewalt geprägten Elendsvierteln von Rio de Janeiro. Der Stadtteil Cidade de Deus wird von der Gewalt der Drogenhändler beherrscht, Drogen und Beschaffungskriminalität bestimmen den Alltag. Der junge Bus-capé wächst hier mit seinem Bruder Marreco auf, der einer Gang angehört. Marrecos gewaltbereiter Kumpel »Locke« steigt im Laufe der Jahre zur beherr-schenden Figur im Drogengeschäft auf. Die Konflikte zwischen den Banden nehmen immer mehr zu, sodass es zu einem brutalen Bandenkrieg kommt, der von Buscapé fotografisch dokumentiert wird. Als die Polizei endlich eingreift, kann Buscapé fotografisch festhalten, dass auch einzelne Polizisten mit Locke gemeinsame Geschäfte machten. Schließlich wird Locke von einer neuen Bande Jugendlicher getötet, die nun die Macht im Viertel an sich reißt. Buscapés Fotos verhelfen ihm zu einem Praktikum bei einer Zeitung.

Der international renommierte Film stellt kompromisslos eine Lebenswelt dar, die von Armut und Gewalt durchdrungen ist und verzichtet daher nicht auf explizite Gewaltdarstellungen. Zugleich führt die Drastik der Gewalt vor Augen, wie dramatisch die Lebensumstände in den Großstädten der südlichen Hemisphäre sein können.

Asiatische Religionen

Das Fest des Huhnes
Österreich 1992. Regie: Walter Wippersberg. 55 Min. FSK k.A./JMK k.A.

Die vom ORF produzierte Dokumentar-Parodie nimmt spöttisch Expeditions-
filme und die Kulturanthropologie aufs Korn: Afrikanische Forschungsreisende
entdecken die merkwürdigen Sitten und Bräuche der »Eingeborenenstämme«
Oberösterreichs. Nach den ersten Begegnungen, bei denen die verängstigten
Einwohner vor den dunkelhäutigen Forschern davonlaufen, freundet sich das
Expeditionsteam mit einigen Oberösterreichern an und beginnt, deren Kultur zu erforschen und nach afrikanischen Maßstäben zu interpretieren. Dabei
kommt auch die Religion nicht zu kurz: Während die »alten Kulthäuser« (Kirchen) leer stehen, errichten die Dorfbewohner einmal im Jahr große Zelte, in
denen sie orgiastische Feste feiern und gebratene Hühner verspeisen. Die Forscher schließen daraus, dass der alte Kult des Lammes, bei welchem mit Brot
und Wein gefeiert wurde, von einem neuen Kult des Huhnes, welcher in den
Zeltfesten mit Brathendl und Bier begangen wird, abgelöst worden ist.

Auf geniale Weise werden hier gewohnte Perspektiven, in denen moderne
Weiße fasziniert und überlegen zugleich auf die Kulturen Afrikas blicken, umge-
dreht. Aufgrund ihrer Herkunft und ihrer Herangehensweise müssen die afrikanischen Forscher das Leben in Oberösterreich fast zwingend missverstehen.
Damit stellt sich umgekehrt die Frage, wie weit unsere von der eigenen Kultur
geprägten Blicke auf das »Andere« dieses überhaupt richtig erfassen können. So
eignet sich der kurze Film als lehrreiches Vorspiel zur Betrachtung der Kulturen
und Religionen Asiens und zur Einsicht in die Begrenztheit unseres Verstehens.

Little Buddha
Großbritannien/Frankreich 1992. Regie: Bernardo Bertolucci. 140 Min.
FSK 6/JMK k.A.

Der tibetische Mönch Lama Norbu reist aus seinem Exil in Bhutan in die USA,
wo der 9-jährige Jesse von einem seiner Ordensbrüder als mögliche Inkarna-
tion des verstorbenen Meisters Lama Dorje erkannt worden ist. Jesses Eltern
sind skeptisch, gestatten den liebenswürdigen Mönchen jedoch, einige Zeit mit
Jesse zu verbringen. Jesse erhält ein Bilderbuch mit der Lebensgeschichte des
Buddha Gautama Siddharta. Der Film wechselt nunmehr zwischen den beiden
Erzählsträngen von Jesses Begegnung und dem Leben Buddhas. Auch Jesses
Vater Dean wird im Laufe des Geschehens offener gegenüber spirituellen und
existenziellen Fragen. Gemeinsam reisen sie ins Kloster nach Bhutan, wo bereits
zwei andere mögliche Inkarnationen des Lama Dorje warten. Als Ergebnis der

Prüfungen stellt Norbu schließlich fest, dass sich der verstorbene Meister in allen drei Kindern inkarniert hat.

Bertolucci versucht gleichzeitig die Lehren des Buddhismus zu erklären, die Lebensgeschichte des Buddha zu erzählen und die spirituelle Bedeutung des Buddhismus für die westliche Moderne zu unterstreichen. Von der Filmkritik teilweise verrissen, bietet der Film doch eine gute erste, wenn auch leicht romantisierende Annäherung an die Grundthemen des Buddhismus und besticht vor allem durch seine prächtigen Bilder.

Kundun
USA 1997. Regie: Martin Scorsese. 134 Min. FSK 6/JMK k.A.

Mit Kundun legt Starregisseur Martin Scorsese eine Filmbiographie des XIV. Dalai Lama Tendzin Gyatsho vor, wobei die Zeit von dessen Erwählung im Alter von zwei Jahren bis zur Flucht ins Exil nach Indien erzählt wird. Der Film zeigt das Aufwachsen und Hineinwachsen des jungen Knaben in seine außergewöhnliche Rolle inmitten des tibetischen Klosterlebens und seiner Rituale. Durch den Einmarsch der chinesischen Besatzer wird er schließlich zur Flucht gezwungen.

Der Film beschreibt mit viel Sorgfalt und Respekt das Leben des Dalai Lama, der in den letzten Jahrzehnten so etwas wie das Gesicht des Buddhismus geworden ist. Die Mitarbeit des Dalai Lama selbst sorgt für große Authentizität, zugleich ist Scorsese sehr darauf bedacht, ihn als moralische Autorität für die Welt und damit entsprechend positiv zu zeichnen. Die Bildgewalt ist fesselnd, in seiner Inszenierung versucht der Film die spirituelle Tiefe des Buddhismus nachzuzeichnen, die Ruhe und Stille der Filmbilder kann daher bei den Schülern für Irritationen sorgen.

Spiel der Götter – Als Buddha den Fussball entdeckte
Phörpa. Bhutan/Australien 1999. Regie: Khyentse Norbu. 93 Min. FSK 0/JMK k.A. Kinotipp der Katholischen Filmkritik.

Einen völlig anderen Zugang zum Buddhismus bietet dieser Film des bhutanischen Mönchs und Regisseurs Khyentse Norbu. Erzählt wird die Geschichte des fußballbegeisterten jungen Novizen Orgyen während der Fußballweltmeisterschaft in Frankreich im Jahre 1998. Bei einem seiner nächtlichen Ausflüge aus dem Kloster zum einzigen Fernseher des Dorfes wird er ertappt und zum Küchendienst eingeteilt. Schließlich überzeugt er den alten Abt von der Harmlosigkeit des Fußballs und versucht, Geld für die Miete eines Fernsehgeräts aufzutreiben. Orgyen nimmt die Uhr eines tibetischen Neuankömmlings im Kloster als Pfand, um für das WM-Finale einen Fernseher mieten zu können.

Norbus Film ist eine unorthodoxe Annäherung an das tibetisch-buddhistische Klosterleben. Der Alltag und die Rituale des Klosters werden in schönen Bildern gezeigt, aber auch die menschliche, weltliche Seite der Mönche portraitiert. Sie sind eben keine Heiligen, sondern auch nur Menschen mit ihren Schwächen und Begeisterungen. So vermittelt der Film einerseits die buddhistische Spiritualität, vermeidet aber andererseits eine Exotisierung des Klosterlebens.

Kick It Like Beckham
Bend It Like Beckham. Großbritannien/Deutschland 2002. Regie: Gurinder Chadha. 112 Min. FSK 6/JMK 0: sehr empfehlenswert als Sportfilm ab 10 Jahren.

Die junge Jesminder »Jess« Bhamra lebt als Tochter indischer Immigranten in London. Während ihre Familie von ihr die Einhaltung kultureller Traditionen erwartet, spielt sie gegen den Willen der Eltern Fußball. Gleichzeitig mit den Hochzeitsvorbereitungen für ihre Schwester Pinky, die ebenfalls von der Spannung aus indischer Tradition und westlicher Moderne geprägt sind, lernt Jess die gleichaltrige Engländerin Juliette kennen und kommt über sie in ein Damenfußballteam, bei dem sie schnell zu einer Leistungsträgerin avanciert. Trotz des ausdrücklichen Verbots ihrer Eltern geht sie weiter ihrem Hobby nach, bis sie vor einer schwierigen Entscheidung steht: Pinkys Hochzeit findet gleichzeitig mit einem wichtigen Endspiel statt. Mit der unerwarteten Hilfe ihres Vaters schafft es Jess, von der Hochzeit rechtzeitig zur zweiten Halbzeit des Spiels zu kommen und von einem amerikanischen Talentscout entdeckt zu werden. Ihr Vater offenbart ihr, dass er einst selbst eine Sportkarriere als Cricket-Spieler angestrebt hatte, aber aufgrund von rassistischen Äußerungen seiner Mitspieler aufgab. Daher möchte er ihr nun die Sportkarriere ermöglichen, auf die er selbst verzichten musste. Jess darf England verlassen.

Der Film zeigt die Schwierigkeiten indischer Migranten in England zwischen Tradition und moderner Selbstverwirklichung, verbunden mit Alltagsproblemen wie Rassismus und Generationenkonflikten. Für die Schüler stellt er einen niederschwelligen Zugang zur indischen Kultur dar, der abseits gängiger Vorstellungen von Indien die Situation von indischen Migranten in Europa in den Blick nimmt.

Gandhi
Großbritannien/Indien 1982. Regie: Richard Attenborough. 183 Min. FSK 12/JMK k.A.

Attenboroughs monumentale Inszenierung des Freiheitskampfes von Mahatma Gandhi ist längst zu einem Klassiker geworden. Der Film beginnt mit der Ermordung Gandhis im Jahre 1948 durch einen hinduistischen Fanatiker. In einer Rückschau werden nun die wichtigsten Stationen im Leben Gandhis nachge-

zeichnet: Seine Rassismuserfahrung in Südafrika, die ersten Erfolge im gewalt-
losen Kampf für die Rechte der dortigen indischen Minderheit und schließlich
die Rückkehr nach Indien und der Kampf gegen die britischen Kolonialherren
mit den Mitteln des zivilen Ungehorsams im Kontext der zunehmenden Spannungen zwischen Hindus und Muslimen.

Getragen von Ben Kingsleys überragender Schauspielleistung gelingt es dem
mit acht Oscars ausgezeichneten Film, das Leben und Wirken Gandhis in ein-
prägsamen Szenen episch nachzuerzählen, wobei auch die religiösen, politischen
und wirtschaftlichen Hintergründe verständlich dargelegt werden. Dadurch wird
der Film nicht einfach eine Heiligenlegende, sondern setzt sich sehr differenziert
mit Gandhi als historischer Gestalt und Kämpfer für Frieden und Menschenwürde auseinander. Für die Schule ist freilich die Überlänge ein Hindernis, das
nur durch eine Kooperation mit einem anderen Gegenstand oder durch eine
Auswahl von Schlüsselszenen überwunden werden kann.

Bibel

DIE BIBEL (FILMREIHE VON BETAFILM/KIRCHMEDIA)
Italien/Deutschland/(USA) 1993–2002. Regie: Diverse. 90–190 Min.
FSK 6/12/JMK k.A.

In einem ambitionierten Projekt hat der 2002 insolvent gewordene Medien-
konzern *Kirch-Gruppe* zwischen 1994 und 2002 insgesamt 13 Filme produziert,
die die Bibel umfangreich abdecken. Mit dem Anspruch einer starken Bibel-
treue (wenngleich man sich im Einzelfall auch künstlerische Freiheiten erlaubt
hat bzw. unkorrekte Darstellungen vorkommen) wurden folgende biblischen
Bücher/Erzählungen verfilmt:
GENESIS (1993. Regie: Ermanno Olmi. 90 Min. FSK 6)
ABRAHAM (1993. Regie: Joseph Sargent. 175 Min. FSK 6)
JAKOB (1994. Regie: Peter Hall. 91 Min. FSK 6)
JOSEF (1994. Regie: Roger Young. 187 Min. FSK 6)
MOSES (1999. Regie: Roger Young. 176 Min. FSK 12)
SAMSON UND DELILA (1996. Regie: Nicolas Roeg. 172 Min. FSK 12)
DAVID (1997. Regie: Robert Markowitz. 190 Min. FSK 12)
SALOMON (1997. Regie: Roger Young. 166 Min. FSK 12)
JEREMIA (1998. Regie: Harry Winter. 90 Min. FSK 12)
ESTHER (1999. Regie: Raffaele Mertes. 90 Min. FSK 12)
JESUS (1999. Regie: Roger Young. 180 Min. FSK 12)
PAULUS (2000. Regie: Roger Young. 170 Min. FSK 12)
APOKALYPSE (2002. Regie: Raffaele Mertes. 90 Min. FSK 12)

Der Anspruch, mit modernen Filmen jenseits der klassischen Monumentalfilme ein neues Publikum für die Bibel zu begeistern, ist in Summe durchaus eingelöst worden. Mit großem Aufwand und teilweise namhaften Schauspielern wurden die biblischen Inhalte gut in Szene gesetzt, wobei es qualitative Unterschiede zwischen den einzelnen Filmen gibt. Problematisch ist vor allem die Überlänge der meisten Filme, da sich hier auch Kombinationen mit anderen Gegenständen nicht so leicht ergeben. Trotzdem bietet die Reihe ein gutes Repertoire an Bibelfilmen, über deren jeweilige Eignung für die spezifische Unterrichtssituation man sich selbst überzeugen muss.

Drogen und Sucht

Jim Carroll – In den Strassen von New York
The Basketball Diaries. USA 1995. Regie: Scott Kalvert. 102 Min. FSK 12/JMK k.A.

Der junge Jim Carroll ist Schüler einer renommierten katholischen High School und glänzt im erfolgreichen Basketballteam der Schule. Gemeinsam mit seinem Freund Mickey verfällt Jim jedoch immer mehr der Drogensucht, wird aus der Schule verwiesen und auch von seiner Mutter verstoßen. Mit Schule und Familie verliert er den letzten Halt in seinem Leben und ein unaufhaltsamer sozialer Abstieg nimmt seinen Lauf. Erst ein Wiedersehen mit seinem alten Bekannten Reggie führt ihn wieder auf den rechten, jedoch schmerzvollen Weg.

Der Film ist eine moderne Adaption der Autobiographie des Musikers Jim Carroll (†2009). Getragen von der herausragenden Schauspielleistung des jungen Leonardo DiCaprio legt dieser Film schonungslos und ohne falsche Romantisierung die Gefahren von Sucht und »falschen Freunden« dar.

Requiem For A Dream
USA 2000. Regie: Darren Aronofsky. 97 Min. FSK 16/JMK k.A.

Erzählt wird in drei Episoden die Geschichte von Sara Goldfarb, ihrem Sohn Harry, dessen Freund Tyrone und Harrys Freundin Marion. Harry, Tyrone und Marion beginnen zu dealen und steigen schließlich im großen Stil in den Drogenhandel ein, und auch die einsame, verwitwete Sara fängt an, Amphetamine zu nehmen um ihre Stimmung aufzuhellen. Während Sara immer stärker den Bezug zur Wirklichkeit verliert und schließlich in der Psychiatrie landet, werden Marion, Harry und Tyrone von der brutalen Realität des Drogengeschäfts eingeholt. Für alle Beteiligten verschlimmert sich die Situation immer mehr. Gegen Ende werden alle vier nacheinander neben ihren durch Drogen und Sucht zerstörten und nichterfüllten Träumen gezeigt.

Nie wurde die zerstörerische Wirkung von Sucht und Drogenhandel auf das Leben auf wirkungsvollere und eindringlichere Weise gezeigt als in diesem mehrfach preisgekrönten Film. Durch den Einsatz radikaler Bilder, die dem Werk ein FSK 16 einbrachten, wird die Geschichte zu einer hart ausgesprochenen Warnung vor dem Abgleiten in die Drogensucht.

Freiheit, Zwang und Gewissen

SOPHIE SCHOLL – DIE LETZTEN TAGE
Deutschland 2005. Regie: Marc Rothemund. 116 Min. FSK 12/JMK 10:
sehr empfehlenswert als Diskussionsfilm mit zeitgeschichtlich-politischem
Hintergrund ab 12 Jahren. Kinotipp der Katholischen Filmkritik.

Das Filmdrama zeichnet die letzten Lebenstage der deutschen Widerstandskämpferin Sophie Scholl nach. Nachdem sie gemeinsam mit ihrem Bruder Hans nach einer Flugblattaktion gefangengenommen wird, wird sie durch den akribischen Gestapo-Ermittler Robert Mohr verhört. Gelingt es ihr anfangs noch, ihre Unschuld zu beteuern, muss sie sich unter Mohrs Druck schließlich zu ihrem Handeln bekennen. Die darauf folgenden Dialoge zwischen Scholl und Mohr werden zu einem mitreißenden Aufeinanderprallen von christlicher und nationalsozialistischer Weltanschauung. Am Ende werden die Geschwister Scholl sowie ihr Weggefährte Christoph Probst verurteilt und hingerichtet.

Das Drehbuch des vielfach ausgezeichneten Films basiert auf den erst 1990 zugänglich gemachten originalen Verhörprotokollen. Schauspielerisch und dialogisch eindrucksvoll wird die Bedeutung eines christlichen Gewissens als Widerstandpunkt gegen gesellschaftliche Totalitarismen hervorgehoben.

Unter http://www.bpb.de/shop/lernen/filmhefte/34099/sophie-scholl-die-letzten-tage stellt die deutsche Bildungszentrale für Politische Bildung ein ausführliches Filmheft mit unzähligen Hintergrundinformationen zur Verfügung.

BONHOEFFER – DIE LETZTE STUFE
Bonhoeffer – Agent of Grace. Deutschland/USA/Kanada 1999. Regie: Eric Till.
90 Min. FSK k.A./JMK k.A.

Ebenso das christliche Gewissen als Widerstandpunkt gegen den Nationalsozialismus behandelt Eric Tills Portrait von Dietrich Bonhoeffer. Obwohl in den USA sicher, kehrt Bonhoeffer 1939 nach Deutschland zurück und kritisiert das Regime Hitlers und Reichsbischof Müller. Von der Gestapo mit einem Berufsverbot belegt, engagiert er sich immer stärker im Widerstand gegen den Nationalsozialismus. Als Eingeweihter des gescheiterten Gersdorff-Attentats auf Hitler wird Bonhoeffer 1944 inhaftiert und 1945 im KZ Flossenbürg ermordet.

Mit großer Ernsthaftigkeit widmet sich Eric Till dem Leben Bonhoeffers und gibt auch einem seiner Gedichte Raum. Die Bedeutung des individuellen, christlichen Gewissens kann gerade am Beispiel Bonhoeffer gut gezeigt werden. Die Gedanken und geistigen Leitlinien des evangelischen Märtyrers werden in den Dialogen des Films sichtbar.

DER FALL JÄGERSTÄTTER
Österreich 1971. Regie: Axel Corti. 110 Min. FSK k.A./JMK k.A.

Der stilbildende Film für das Genre des Dokudramas zeichnet den Widerstand des steirischen Christen Franz Jägerstätter gegen seine erneute Einberufung in die Wehrmacht 1943 nach. Jägerstätter erklärt öffentlich, dass er als gläubiger Katholik keinen Wehrdienst leisten dürfe, da der Kampf für den nationalsozialistischen Staat gegen sein religiöses Gewissen sei. Obwohl sowohl kirchliche als auch politische Vertreter ihn umzustimmen versuchen, entschließt sich Jägerstätter im Bewusstsein der drohenden Todesstrafe seinen Weg weiterzugehen. Er wird wegen Wehrkraftzersetzung verurteilt und hingerichtet.

Axel Corti versucht eine authentische Rekonstruktion der Ereignisse und unterbricht die Spielszenen dieses Dokumentarspielfilms immer wieder mit Interviews von Menschen, die Jägerstätter gekannt haben. Der Film zeichnet das Portrait eines Mannes, der im Vertrauen auf seine Gewissensentscheidung vor Gott bereit ist, bis zum Äußersten zu gehen.

DIE WELLE (1981)
The Wave. USA 1981. Regie: Alex Grasshoff. 42 Min. FSK k.A./JMK k.A.

Geschichtelehrer Ben Ross wird bei der Durchnahme der Zeit des Nationalsozialismus von seiner Klasse gefragt, warum die deutsche Bevölkerung nichts gegen das Regime und seine Verbrechen unternommen hat. Ross kann die Frage nicht beantworten, stellt aber in der nächsten Stunde ein Projekt vor: Er führt strenge Disziplinierungsmethoden in den Unterricht ein und betont wiederholt den Wert der Gemeinschaft in der Klasse. Die Schüler sind zunächst stutzig, können sich aber schnell mit den neuen Methoden anfreunden, der Außenseiter Robert fühlt sich überhaupt zum ersten Mal integriert. Ross geht weiter: Er stellt als gemeinsames Symbol eine Welle vor, bestellt Aufpasser, die über die Ordnung in der Klasse wachen sollen, und kreiert gemeinsame Mottos. Einzig die Schülerin Laurie distanziert sich und veröffentlicht in der Schülerzeitung kritische Artikel gegen die »Welle«. Ein paar der »Aufpasser« intervenieren und werden dabei gegen Laurie fast handgreiflich, bevor sie die Falschheit ihres Tuns einsehen und Ross um das Ende des Projekts bitten. Ross willigt ein, inszeniert das Ende jedoch auf seine Weise: Er erklärt, die »Welle« wäre ein landesweites

Projekt, und der nationale Führer der Bewegung werde zu allen Mitgliedern per Fernsehbotschaft sprechen, die in der Aula der Schule vorgeführt werden wird. Erwartungsvoll kommen die Schüler zusammen, zu ihrem Entsetzen zeigt Ross ihnen jedoch ein Video von Adolf Hitler und erklärt, sie wären alle gute Nazis geworden, da sie selbst ihrem Lehrer völlig kritiklos gefolgt sind.

Der Film basiert auf der wahren Geschichte des kalifornischen Lehrers Ron Jones, der ein ähnliches soziales Experiment 1967 in einer High School in Palo Alto durchführte. Komprimiert auf 42 Minuten erleben die Zusehenden, wie schnell totalitaristische Ideen ein Aufgeben von Individualität und Gewissen zur Folge haben können. Das bekannte Buch von Morton Rhue wurde übrigens erst auf Basis des Filmdrehbuches geschrieben, DIE WELLE ist also keine Literaturverfilmung.

DIE WELLE (2008)
Deutschland 2008. Regie: Dennis Gansel. 107 Min. FSK 12/JMK 12: annehmbar als Diskussionsfilm ab 12 Jahren.

Dem linksliberalen und kumpelhaften Geschichtelehrer Rainer Wenger wird bei einem schulweiten Projekt zu verschiedenen Staatsformen das Thema »Autokratie« zugeteilt. Die Schüler sind vom Thema »Nationalsozialismus« bereits so gelangweilt, dass sie erklären, dass es im heutigen Deutschland keine Gefahr mehr für eine Diktatur gebe. Davon angestachelt entwirft Wenger ein disziplinierendes Unterrichtsmodell und führt es zur Jugendbewegung »Die Welle« weiter (siehe Beschreibung des Erstfilms). Der Erfolg der »Welle« pflanzt sich auch außerhalb der Schule fort. Wenger genießt seinen Status als beliebter »Führer«, als es aber zu Gewalt gegen Nicht-Mitglieder kommt, beschließt er, das Unternehmen zu beenden. Er ruft alle zusammen und erklärt ihnen, dass alles nur ein Experiment gewesen sei. Der Außenseiter Tim, der erst durch die »Welle« Selbstbewusstsein gewonnen hat, sieht seine Welt zusammenbrechen und zieht eine Waffe, mit der er zuerst einen Mitschüler anschießt und sie dann gegen sich selbst richtet. Wenger wird vor den Augen der traumatisierten Jugendlichen von der Polizei abgeführt.

In dieser Neuverfilmung in Spielfilmlänge wird das Geschehen in das moderne Deutschland verlegt, womit die Szenerie näher an der Lebenswelt der Schüler ist. Im Unterschied zum alten Film wird hier die Persönlichkeit des Lehrers stärker beleuchtet, der nicht souverän agiert, sondern selbst vom Erfolg seiner Idee eingenommen wird. Der Film versucht einen Spagat zwischen modernem Unterhaltungskino und der pädagogischen Botschaft und wird dem weitestgehend gerecht.

Ausführliches Unterrichtsmaterial findet sich unter http://www.welle.film.de/downloads/DieWelle_Schulmaterial.pdf.

DER CLUB DER TOTEN DICHTER
Dead Poets' Society. USA 1989. Regie: Peter Weir. 123 Min. FSK 12/JMK k.A.
Kinotipp der Katholischen Filmkritik.

Ein konservatives amerikanisches Eliteinternat im Jahre 1959: Während die
Welton Academy den Werten »Tradition, Ehre, Disziplin und Leistung« folgt
und sich als elitäre Kaderschmiede begreift, verblüfft der neue Englischlehrer
John Keating, selbst Absolvent der Schule, seine Klasse mit unkonventionellen
Methoden. Durch die Kraft der Poesie weckt er in seinen Schülern Individualität,
Selbstvertrauen, Gefühle und Kreativität, was von der Schulleitung zunehmend
kritisch betrachtet wird. Inspiriert von Keatings Unterricht geht der junge Neil
Perry gegen den Widerstand seines Vaters seiner Leidenschaft fürs Theaterspiel
nach. Daraufhin kommt es zum Konflikt zwischen Vater und Sohn, im Zuge
dessen sich der verzweifelte Neil das Leben nimmt. Auf der Suche nach einem
Schuldigen an Neils Tod macht die Schulleitung Keating und seine Erziehung
zu selbstständigem Denken dafür verantwortlich: Ohne dessen »Indoktrination«
und nonkonformistische Ideen wäre das Unglück nie geschehen. Keating muss
die Schule verlassen, wird aber von seinen Schülern noch einmal eindrucksvoll verabschiedet.

Der Oscar-prämierte Film inszeniert den Konflikt zwischen Konformität
und Individualität im Teenager-Alter. Während die Schule ausschließlich den
gesellschaftlichen und beruflichen Erfolg der Schüler zum Ziel hat, fragt Keating
nach Selbständigkeit, Freiheit und den wahren Werten des Lebens.

Auf der Website http://www.lerntippsammlung.de finden sich Materialien
und Unterrichtsvorschläge des Deutschen Katecheten-Vereins zum Einsatz des
Films im Religionsunterricht.

LOLA RENNT
Deutschland 1998. Regie: Tom Tykwer. 81 Min. FSK 12/JMK k.A.
Der Berliner Hehler Manni verliert versehentlich eine Stofftüte mit 100.000
Mark in der U-Bahn und sieht nur noch, wie ein Obdachloser das Geld findet
und der Zug weiterfährt. Er ruft seine Freundin Lola an, die ihm aus der Pat-
sche helfen soll, denn in 20 Minuten muss Manni das Geld für seinen Auftrag-
geber bereit haben. Der Film zeigt Lola bei der Jagd nach dem Geld. Es werden
nacheinander drei verschiedene Handlungsverläufe gezeigt, die durch kleine
Veränderungen eine gänzlich andere Entwicklung nehmen und auch das Leben
der Menschen, denen Lola während ihres Laufs begegnet, auf unterschiedliche Arten und Weisen beeinflussen. Das Rad des Schicksals dreht sich jedes
Mal neu und anders, auch wenn manche Elemente stets erhalten bleiben. Die
Grundgeschichte bildet so einen Rahmen, innerhalb dessen sich das Geschehen

nach mehr oder weniger kontingenten Faktoren unterschiedlich abspielt. Die alternativen Konsequenzen für die Beteiligten sind dabei aber schwerwiegend (Reichtum oder Armut, Tod oder Leben).

Der schnelle, im Stile eines Musikvideos geschnittene Film stellt die Entscheidungsfreiheit des Menschen in die Spannung von Zufall und Schicksal. Im Chaos der Wirklichkeit, in der schon Kleinigkeiten zu völlig anderen Entwicklungen führen können, bekommen das Detail und das Handeln des Einzelnen umso mehr Bedeutung. Der Film eröffnet die Frage, wie weit wir durch freies Handeln unser Leben steuern können, oder eben Zufall und Schicksal unterworfen sind.

Fundamentalismus, Extremformen und Missbrauch von Religion

JESUS CAMP
USA 2006. Regie: Rachel Grady/Heidi Ewing. 84 Min. FSK 12/JMK k.A.

»Kids on Fire« nennt sich ein amerikanisches Sommerferienlager, das jährlich von der pfingstkirchlichen Pastorin Becky Fischer veranstaltet wird, die versucht, Grundschulkinder für ihre christliche Mission zu gewinnen. Um dieses »Jesus Camp« herum spürt der Dokumentarfilm dem fundamentalistischen und evangelikalen Christentum in den USA nach: Kreationismus, Home Schooling, der Kampf gegen Abtreibung und die politischen Verflechtungen, die unter der Administration von George W. Bush gerade einen Höhepunkt erreicht hatten, werden dabei am Beispiel einiger christlicher Familien in den Blick genommen. Dazwischen sieht man immer wieder kritische Beiträge des Anwalts und Moderators Mike Papantonio, der vor der Ausbreitung und Radikalisierung der christlichen Rechten in den USA warnt.

Der Oscar-nominierte Dokumentarfilm bietet einen ausgezeichneten Einblick in eine christliche Welt, die den meisten Europäern nicht zugänglich oder überhaupt bekannt ist. Obwohl lediglich dokumentiert und nie kommentiert wird, tendieren Bildauswahl und Papantonios Kommentare zu einer kritischen Sichtweise. Für Schüler eine gut zugängliche und lehrreiche Reise in ein anderes Christentum, eines der Leidenschaft, aber auch eines der Radikalität und Intoleranz.

DIE UNBARMHERZIGEN SCHWESTERN
The Magdalene Sisters. Irland/Großbritannien 2002. Regie: Peter Mullen.
114 Min. FSK 12/JMK 14: sehr empfehlenswert als Diskussionsfilm für ältere Jugendliche ab 14 Jahren.

Irland in den 1960er-Jahren: Die drei jungen Frauen Margaret, Bernadette und Rose werden von ihren Familien als »gefallene Frauen« in ein katholisches Magdalenenheim geschickt, in dem sie zu Buße, Tugend und Gehorsam zurück-finden sollen. Geleitet wird dieses ebenso wie die anderen Magdalenenheime Irlands von katholischen Nonnen, die auf brutale Weise gegen die »Gefallenen« vorgehen: Zwangsarbeit, Demütigungen und Gewalt stehen an der Tagesord-nung. Margaret beobachtet zudem, wie die junge Crispina von einem Priester zu sexuellen Handlungen gezwungen wird. Während Margaret nach vier Jahren von ihrer Familie zurückgeholt wird, gelingt Bernadette und Rose die Flucht aus dem Heim und zurück in die Normalität.

Der vielfach preisgekrönte Film arbeitet die Vergangenheit der irischen Magdalenenbewegung auf. Deren Heime dienten noch bis 1996 als »Umerzie-hungslager« für von ihrer Familie wegen oft nur kleiner moralischer Vergehen oder sogar wegen einer erlittenen Vergewaltigung verstoßene junge Frauen. Die jahrzehntelangen Missbräuche in diesen Heimen wurden in Irland erst in den letzten Jahren in größerem Ausmaß aufgedeckt und führten zu Entschä-digungszahlungen und Vergebungsbitten durch Kirche und Republik. Mullens eindringliche Darstellung der Verhältnisse steht dabei auch exemplarisch für die »totalen Systeme« kirchlicher, aber auch staatlicher Erziehungsanstalten, deren Struktur Gewalt und Missbrauch produzierten. Während Opfer des Sys-tems bemerkten, dass die Realität der Magdalenenheime noch schlimmer war als im Film dargestellt, wurde er vom vatikanischen Generalvikar Camillo Ruini als »anti-katholische Ideologie« bezeichnet, worauf auch eine Empfehlung des Vatikans an katholische Familien folgte, den Film nicht anzusehen.

Ein Interview mit Peter Mullen findet sich unter http://www.abendblatt.de/kultur-live/article169297/Gefangen-im-Kloster.html.

PARADISE NOW
Palästinensische Autonomiegebiete/Niederlande/Israel/Deutschland/Frankreich 2004. Regie: Hany Abu-Assad. 90 Min. FSK 12/JMK 12: empfehlenswert als Diskussionsfilm ab 12 Jahren. Medientipp-Film des Monats.

In der tristen sozialen Lage der Westbank schließen sich die frustrierten Freunde Khaled und Said dem bewaffneten Kampf gegen Israel an. Eines Tages erhalten sie den Auftrag, in Israel einen Selbstmordanschlag durchzuführen. Anfangs wild entschlossen, scheitern sie trotz guter Vorbereitung zunächst an der Wach-samkeit der israelischen Kontrolleure. Die Verzögerung gibt ihnen Zeit, über ihr Handeln nachzudenken: Während Khaled zunehmend an der Richtigkeit seines Tuns zweifelt, wird Said, der die Familienehre wiederherstellen will, die durch seinen als Kollaborateur verurteilten und getöteten Vater verloren gegangen ist, noch überzeugter von seiner Mission. Auch die Begegnung mit der Menschen-rechtsaktivistin Suha kann ihn nicht umstimmen. Said besteigt schließlich einen

Bus mit israelischen Soldaten, worauf ein weißes Licht folgt. Ob er tatsächlich die Bombe gezündet hat, bleibt offen.

Der Oscar-nominierte Film versucht aus einer palästinensischen Perspektive die Menschen hinter den Selbstmordattentätern zu porträtieren und zeichnet die Situation in den palästinensischen Gebieten in ihrer sozialen Ausweglosigkeit nach. Damit verweigert sich der Film einer einfachen Täter-Opfer-Dichotomie. Freilich fehlt dabei die israelische Sichtweise auf die Problematik. Dennoch bietet der Film eine gute Gelegenheit, die medial stark präsenten islamistischen Selbstmordattentate differenzierter zu betrachten.

FOUR LIONS
Großbritannien 2010. Regie: Chris Morris. 97 Min. FSK 16/JMK k.A.

Satirisch mit religiösem Fundamentalismus setzt sich FOUR LIONS auseinander: Die arabischstämmigen Engländer Waj, Faisal und Omar sowie der Konvertit Barry neigen dem radikalen Islamismus zu. Von ihrer Heimatstadt Sheffield aus planen sie den Kampf gegen die Ungläubigen und ihren Einsatz im Djihad gegen den Westen. Sie erweisen sich dabei jedoch als unfähig. Während Omar und Waj in einem pakistanischen Terrorcamp versehentlich Osama Bin Laden töten, stirbt Faisal bei einem Unfall mit Sprengstoff. Ein Anschlag auf den London-Marathon misslingt.

Mit schwarzem Humor karikiert Morris den religiösen Wahn der jungen Muslime, offenbart damit die ganze Absurdität und Tragik des religiösen Fundamentalismus und bietet zugleich Einblicke in das Phänomen des »homegrown terrors«. Dabei macht sich der Film nicht über den Islam lustig, sondern zeichnet ein Bild fehlgeleiteter junger Männer, die sich in falschem Idealismus in eine Aufgabe stürzen, der sie nicht gewachsen sind.

Gerechtigkeit, Soziallehre, Frieden

ROMERO
USA 1989. Regie: John Duigan. 102 Min. FSK 12/JMK k.A.
Kinotipp der Katholischen Filmkritik.

Eine engagierte Filmbiographie über den 1980 ermordeten Befreiungstheologen und Erzbischof von El Salvador, Óscar Romero. Der Film beginnt mit der Weihe Romeros, der als ein zu diesem Zeitpunkt unpolitischer Geistlicher gezeichnet wird. Durch Kontakte mit der Zivilbevölkerung, die schwer unter der Militärdiktatur leidet, und nach der Ermordung des mit ihm befreundeten Jesuitenpaters Rutilio Grande entwickelt Romero zunehmend ein politisches Bewusstsein und beginnt öffentlich gegen die Repressalien der Machthaber aufzutreten.

Er setzt sich für soziale und politische Reformen ein und gerät so immer mehr in Konflikt mit den Repräsentanten der Militärdiktatur. Der Film endet mit Romeros Ermordung durch einen Scharfschützen während einer Predigt in der Krankenhauskapelle Divina Providencia und deutet zum Schluss den daraufhin ausbrechenden Bürgerkrieg an, der zwölf Jahre dauern sollte.

Der zweifach für den *Political Film Society Award* nominierte Film zeichnet das Leben des großen Befreiungstheologen eindrucksvoll und glaubwürdig nach. Die sozialen und politischen Umstände, aus denen die Befreiungstheologie hervorging, werden beklemmend nahegebracht. Damit werden sowohl die Not der Bevölkerung als auch die Anliegen und Opfer der Befreiungstheologie spannend vermittelt.

Priester der Entrechteten
Daens. Belgien/Frankreich/Niederlande 1992. Regie: Stijn Coninckx. 138 Min. FSK 12/JMK k.A. Kinotipp der Katholischen Filmkritik.

Flandern im Jahre 1890: In der blühenden Textilindustrie werden die Arbeiterinnen und Arbeiter, darunter auch Kinder, gnadenlos ausgebeutet, Arbeitsunfälle sind an der Tagesordnung. Viele der anderen Bewohner der Stadt Aalst sind arbeitslos und hungern. In dieser Situation kehrt der katholische Priester Adolf Daens gemeinsam mit seinem Bruder Pieter in seine Heimatstadt zurück. Daens ist schockiert über die Zustände und beginnt, sich für die Rechte der Arbeiterschaft einzusetzen. Während sich Liberale und Sozialisten auf die Seite des Priesters schlagen, werden die Fabrikbesitzer von der Katholischen Partei und der offiziellen Kirche unterstützt. Innerlich zwischen seinem sozialen Einsatz und seinem Glauben zerrissen, wird Daens von Papst Leo XIII. vor die Wahl gestellt, entweder Priester zu bleiben oder Politiker zu werden. Nachdem er schließlich vom Amt suspendiert wird, verstärkt er sein politisches Engagement, wird in das belgische Parlament gewählt und setzt dort erfolgreich mehr Rechte und Schutzbestimmungen für die belgische Arbeiterschaft durch.

Die Oscar-nominierte Filmbiographie des belgischen Volkshelden Adolf Daens (1839–1907) setzt sich intelligent und bildgewaltig mit der Arbeiterfrage im 19. Jahrhundert auseinander. Ausbeutung, Missbrauch und Hunger werden schonungslos ins Bild gerückt, die Abgründe der radikal-kapitalistischen Gesellschaft aufgezeigt. Zugleich wird die Gespaltenheit einer im Großbürgertum verhafteten Kirche zwischen Einsatz für die Armen einerseits und der Abgrenzung vom Sozialismus andererseits thematisiert und auch die Bedeutung der Arbeiterfrage im 19. Jahrhundert, die für heutige Jugendliche kaum verständlich ist, wird greifbar gemacht.

Merry Christmas
Frankreich/Deutschland/Belgien/Großbritannien/Rumänien/Norwegen 2005.
Regie: Christian Carion. 115 Min. FSK 12/JMK 10.

1914 in den Schützengräben des Ersten Weltkriegs: An der Westfront liegen
sich die Befestigungen von Franzosen, Briten und Deutschen nur wenige hundert Meter voneinander entfernt gegenüber. Am Heiligen Abend erklingen in
beiden Lagern, für alle hörbar, Weihnachtslieder. Daraufhin stimmt der deutsche Operntenor Nikolaus Sprink, der hier seinen Kriegsdienst leistet, kraftvoll
»Stille Nacht, heilige Nacht« an und spaziert dabei zur Verwunderung aller zwischen die Fronten. Die gegnerischen Soldaten reagieren mit spontanem Beifall,
woraufhin die Befehlshaber aller drei Bataillone einen inoffiziellen Weihnachts-
frieden vereinbaren. In der Sinnlosigkeit des Krieges genießen die Soldaten
einen kurzen Augenblick der Menschlichkeit und des Friedens. Es kommt zu
Verbrüderungen und gemeinsamen Weihnachtsgottesdiensten, bevor die Trup-
pen nach einigen Tagen wieder zum grausamen Alltag des Krieges zurückkehren. Alle drei Kommandeure werden von ihren Vorgesetzten abkommandiert
und zur Rechenschaft gezogen. Der Krieg geht weiter.

Der Oscar-nominierte Film beruht auf der wahren Begebenheit des sog.
»Weihnachtsfriedens« von 1914, bei dem es an mehreren Frontabschnitten zu
spontanen Verbrüderungen und Waffenstillständen vor allem von Deutschen
und Briten kam, die bisweilen bis in den Januar 1915 andauerten. Obwohl der
Film einige Längen hat, legt er doch Zeugnis für die Menschlichkeit auch unter
widrigsten Bedingungen ab und ist ein eindrucksvolles Beispiel für die friedens-
stiftende Kraft, die die Weihnachtsbotschaft immer noch haben kann.

Gewalt

Das weisse Band – eine deutsche Kindergeschichte
Deutschland/Österreich/Frankreich/Italien 2009. Regie: Michael Haneke.
144 Min. FSK 12/JMK 12: sehr empfehlenswert als Gesellschaftsdrama
ab 14 Jahren. Kinotipp der Katholischen Filmkritik.

Norddeutschland 1913: Das Dorf Eichwald ist geprägt von der Abhängigkeit
der Bauern vom adeligen Großgrundbesitzer, einem extrem konservativen,
bedrückenden zwischenmenschlichen Klima und der Sittenstrenge des Pro-
testantismus. Der evangelische Pastor erzieht seine Kinder mit äußerster Härte.
Die Ordnung des Dorflebens wird plötzlich durch grausame Ereignisse gestört,
deren Urheber völlig im Dunkeln bleiben: Es kommt zu Verletzungen, tödli-
chen Unfällen, Misshandlungen und Bränden. Im Kontext der Ereignisse wird
immer klarer, dass sich unterhalb der konservativen Oberfläche des Dorfes

menschliche Katastrophen, Perversionen und zerrüttete Beziehungen verbergen. Einzig ein junger Lehrer, der die Geschichte auch erzählt, ist nicht in der sozialen Ordnung gefangen und vermutet, dass hinter den Grausamkeiten die Kinder des Pastors stehen. Diese verneinen die Vorwürfe jedoch, und auch der Pastor weist jeden Gedanken dieser Art zurück und droht dem jungen Lehrer schwerwiegende Konsequenzen an. Schließlich bricht der Erste Weltkrieg aus und wird zum Mittelpunkt der Aufmerksamkeit, die wahren Hintergründe der vorangegangen Geschehnisse bleiben ungeklärt.

Michael Hanekes mit unzähligen Preisen ausgezeichnetes Werk spürt dem sozialen Klima nach, in welchem sich später der Nationalsozialismus entwickeln konnte. Hinter den Äußerungen tatsächlicher Gewalt steht eine strukturelle Gewalt, die diese erst ermöglicht und begünstigt. Ein Film über die »Perversion von Idealen, die man in soziale Regeln übersetzt« (Haneke), und vielleicht auch eine Frage danach, zu wie viel Faschismus unsere heutige Gesellschaft noch fähig ist.

Ausführliche Unterrichtsmaterialen finden sich unter http://www.kinomacht-schule.at/data/weisseband.pdf sowie unter http://www.bpb.de/system/files/pdf/ACWWUF.pdf

Das Experiment
Deutschland 2000. Regie: Oliver Hirschbiegel. 120 Min. FSK 16/JMK 16: empfehlenswert als Diskussionsfilm ab 16 Jahren.

20 Freiwillige nehmen an einem psychologischen Experiment Teil, bei dem ein Gefängnis simuliert wird. Sie werden in »Gefangene« und »Wärter« aufgeteilt und sollen sich entsprechend ihrer Rollen verhalten, jedoch keine Gewalt anwenden. Der »Gefangene« Tarek provoziert dabei die Wärter wiederholt, sodass sich die Stimmung im »Gefängnis« in wenigen Tagen immer mehr verschlechtert. Die Wärter beginnen, zunehmend gewalttätig gegen provokante Gefangene vorzugehen, um ihre Autorität zurückzugewinnen. Die wissenschaftliche Leitung des Experiments ist sich uneins über die weitere Vorgangsweise und lässt es weiterlaufen. Die Gewalt nimmt immer stärkere Ausmaße an, es kommt zu Demütigungen, Verletzungen und Übergriffen. Die Wärter greifen schließlich auch die wissenschaftliche Leitung an, die endgültige Eskalation der Ereignisse fordert mehrere Todesfälle, bis die Gewalt endlich beendet werden kann.

Die Handlung basiert auf dem berühmten Stanford-Prison-Experiment, welches 1971 in einem ähnlichen Setting nach sechs von geplanten 14 Tagen abgebrochen werden musste, nachdem es zu sadistischen Übergriffen der Wärter gekommen war. In Das Experiment wird die Gewaltentwicklung noch dramatischer und exzessiver dargestellt und verdeckt bisweilen die moralische Grundfrage, die hinter der Geschichte steht. Dennoch eignet sich der Film durchaus als Diskussionsgrundlage über das Verhältnis von Gewalt und sozialen Strukturen.

Das Katholische Filmwerk stellt hier eine Arbeitshilfe für den Unterricht zur Verfügung: http://www.materialserver.filmwerk.de/arbeitshilfen/dasexperiment_ah.pdf

Bowling for Columbine
USA/Deutschland/Kanada 2002. Regie: Michael Moore. 114 Min. FSK 12/JMK 12: sehr empfehlenswert als Diskussionsfilm ab 12 Jahren.

Der Oscar-prämierte Dokumentarfilm ist eine Aufarbeitung des Amoklaufs an der Columbine High School im US-Bundesstaat Colorado, bei dem zwei Schüler im Jahre 1999 zwölf Mitschüler, einen Lehrer und sich selbst erschossen. Dabei versucht Michael Moore, die Ursachen der Gewalt und das gesellschaftliche Klima in den USA zu ergründen: Die Waffenindustrie, das Recht auf Waffenbesitz, ein mediales Klima der Angst, soziale Ungleichheiten und eine Nationalgeschichte, die von Kriegen und Gewalt geprägt ist, sind nach Moore wichtige gesellschaftliche Faktoren für Massaker dieser Art in den USA. Im satirisch angelegten Film führt Moore Interviews mit Angehörigen, Waffenlobbyisten und Politikern und präsentiert Statistiken und historische Rückblicke.

Auch dieser dokumentarische Film ergründet die Zusammenhänge von Gewalt und sozialen Strukturen, die diese Gewalt begünstigen. Mit teilweise absurder Komik und beißendem Spott fragt Moore nach den Wurzeln der unzähligen Gewaltverbrechen in den USA und der einzigartigen Verehrung des Waffenbesitzes. Der Film, der im zweiten Teil einige Längen hat, ist ein niederschwelliger, unterhaltsamer und doch zugleich gesellschaftskritischer Zugang zum Thema und eignet sich gut als Diskussionsgrundlage.

Unterrichtsmaterial steht in einer großen Menge zur Verfügung, u. a. hier abrufbar: http://www.kinomachtschule.at/data/bowling.pdf http://www.bpb.de/system/files/pdf/EQR6CO.pdf

Der Gott des Gemetzels
Carnage. Frankreich/Deutschland/Polen 2011. Regie: Roman Polanski. 80 Min. FSK 12/JMK 10: empfehlenswert als Charakterstudie ab 16 Jahren.

An einem New Yorker Spielplatz kommt es zwischen ein paar Kindern zu einer Streiterei, bei der einer der Jungen einem anderen mit einem Stock zwei Zähne ausschlägt. Um die Angelegenheit zu klären, treffen sich die gutbürgerlichen Eltern der beiden beteiligten Kinder, die Ehepaare Michael und Penelope Longstreet und Alan und Nancy Cowan, in der Wohnung ersterer. Obwohl alle um ein gutes Klima bemüht sind, kommt es immer wieder zu Meinungsverschie-

denheiten und verbalen Ausbrüchen. Auch innereheliche Konflikte treten zu
Tage, man findet aber auch Gemeinsamkeiten und bildet Geschlechter-Allian-
zen. Beginnend als vernünftiges, »erwachsenes« Gespräch, eskaliert die Situation sowohl zwischen den beiden Paaren als auch den jeweiligen Ehepartnern
immer mehr. Am Höhepunkt bricht der Film ab und zeigt als Schlussszene die
beiden streitenden Kinder gemeinsam spielen, als wäre nichts geschehen.

Die Fassade der bürgerlichen Freundlichkeit bröckelt in diesem Film von
Minute zu Minute dahin und entlarvt die Oberflächlichkeit der zivilisierten
Gesellschaft: Hinter den von Konvention und Moral gezähmten »erwachsenen« Gesten und Worten verbergen sich kleine, unreife Kinder, die am liebsten
selbst mit einem Stock aufeinander losgehen würden. Ein pointierter Film über
Streit, Konflikt und Kommunikation zwischen Vernunft und purem Hass. Die
schwarze Komödie ist im Stile eines Kammerspiels inszeniert, sodass eine Ver-
trautheit der Klasse mit Theaterstücken und ausgeprägten Dialogen hilfreich ist.

BEN X

**Niederlande/Belgien 2006. Regie: Nic Balthazar. 93 Min. FSK 12/JMK 12: sehr
empfehlenswert als Jugendfilm ab 12 Jahren. Film des Monats der Jury der
Evangelischen Filmarbeit.**

Dem jungen Autisten Ben fällt der Kontakt mit anderen Jugendlichen schwer, er
verbringt seine Zeit vor allem mit dem Online-Rollenspiel »Archlord«. In der
Schule wird er von seinen Klassenkameraden gemobbt und eines Tages mas-
siv gedemütigt. In seiner Verzweiflung denkt er über Suizid nach, bevor seine
Online-Spielgefährtin »Scarlite« helfend in sein Leben eingreift. Zwischen Reali-
tät, Fantasie und Virtualität ergreift Ben nun die Initiative und inszeniert seinen
Tod. Auf der Trauerfeier werden seine Peiniger bloßgestellt, bevor Ben sich als
Lebender der schockierten Schüler- und Lehrerschaft offenbart.

Der vielfach ausgezeichnete Film verbindet mit Virtualität, Autismus, Cyber-
Mobbing und Suizid gleich mehrere tiefgehende Themen und stellt symbolhafte
Analogien mit der Passion Jesu her, und bedient doch zugleich im Hinblick auf
Spannung, Schnitt und Action jugendliche Sehgewohnheiten. Zusätzlich zur
Filmhandlung sind Interviews zu sehen, in denen der nachlässige Umgang mit
Mobbing und suizidgefährdeten Jugendlichen in der Gesellschaft angespro-
chen wird.

Unter http://www.benx.kinowelt.de/download/download.php?datei=BENX_
Kino_und_Curriculum_Schulmaterial.pdf finden sich eine gute Aufbereitung
des Themas sowie Anregungen für den Unterricht.

Gott, Glaube und Kirche

Karo und der liebe Gott
Österreich 2006. Regie: Danielle Proskar. 94 Minuten. FSK k.A./JMK 0: sehr
empfehlenswert als Familienfilm ab 8 Jahren.

Am Tag von Karos Erstkommunion werden die Eheprobleme ihrer Eltern sichtbar, die sich kurz darauf trennen. Mithilfe eines Walkie-Talkies versucht sie,
Kontakt mit Gott aufzunehmen und sich bei ihm über ihre Situation zu bekla-
gen. Tatsächlich stellt sich eine Stimme am anderen Ende als »Gott« vor und
schafft es sogar, ihren göttlichen Ursprung unter Beweis zu stellen. Zu Karos
Überraschung findet sie »Gott« jedoch als alten, verwahrlosten Mann mit Alko-
holfahne vor. Mit dem Ziel, ihre Eltern wieder zusammenzubringen, klammert
sich Karo dennoch an den Unbekannten, und auch dieser wird zunehmend von
seiner unfreiwilligen Rolle aufgesogen und beginnt tatsächlich, »Gott zu spielen«. Auch wenn ihr Vorhaben letztlich nicht gelingt, gewinnt Karo doch neue
Perspektiven auf das Leben und ihr Gottesbild.

Der Film stellt sich der schwierigen Situation familiärer Trennungen und verbindet diese Thematik einfühlsam mit der Frage nach dem Wesen eines Gottes,
der sich nicht als allmächtig, sondern als fürsorglich entpuppt. Eher geeignet
für Schüler bis zwölf Jahren.

Material und Gedanken in: http://www.kinomachtschule.at/data/karo.pdf.

Bruce Allmächtig
Bruce Almighty. USA 2003. Regie: Tom Shadyac. 101 Min. FSK 6/JMK 0:
annehmbar als modernes Märchen ab 10 Jahren.

TV-Reporter Bruce Nolan ist mit seinem bescheidenen Leben unzufrieden. Als
er nach einigen Tiefschlägen auch noch bei einer Beförderung übergangen und
schließlich gekündigt wird, beschwert er sich bei Gott und beschuldigt den All-
mächtigen, seinen Job nicht richtig zu machen. Daraufhin bietet Gott dem ver-
dutzten Bruce an, für eine Woche dessen Allmacht, aber auch dessen Aufgaben
zu bekommen. Die einzigen Bedingungen: Er darf sich selbst nicht als göttlich
zu erkennen geben und kann niemandes freien Willen manipulieren. Bruce geht
bereitwillig auf den Deal ein und nützt seine Fähigkeiten schnell, um seine Karriere wieder anzukurbeln und sich allerlei persönliche Wünsche zu erfüllen. Als
er immer mehr und immer lautere Stimmen in seinem Kopf hört, erklärt ihm
Gott, dies wären die Gebete der Menschen aus seiner Heimatstadt Buffalo, um
die er sich zu kümmern habe. Bruce versucht daraufhin, sich der lästigen Gebete
zu entledigen indem er sie einfach alle erfüllt, doch löst er damit alle möglichen
Unglücke aus. Auch die Beziehung zu seiner Freundin Grace zerbricht wegen

Bruce' Egoismus, der beim freien Willen seiner großen Liebe an seine Grenzen stößt. Bruce sieht ein, dass es nicht leicht ist, Gott zu sein, bittet diesen, die Bürde der Allmacht von ihm zu nehmen und beginnt erstmals, altruistisch zu denken und zu handeln. Gott rettet Bruce nach einem Unfall schließlich das Leben und auch Grace probiert noch einmal einen Neustart der Beziehung.

Die Hollywood-Komödie ist in erster Linie ein Unterhaltungsfilm, kann aber eine gute Grundlage für 12- bis 14-Jährige sein, über Gottesbilder, Allmacht, Wünsche und die Durchsetzung des eigenen Willens nachzudenken. Interessant ist auch die Darstellung der Dreifaltigkeit, bei der Gott einmal als Chef, einmal als Diener und einmal als Elektriker erscheint, dazu werden immer wieder kleine Verweise auf die Bibel eingebaut, die es zu entdecken gilt.

Anregende Fragen für Unterricht und Diskussionen bietet die Katholische Kirche Bern unter http://www.kathbern.ch/glaubenssichten/wp-content/uploads/2010/11/unterrichtsplanung.pdf.

LIFE OF PI – SCHIFFBRUCH MIT TIGER
Life of Pi. USA 2012. Regie: Ang Lee. 127 Min. FSK 12/JMK 10: sehr empfehlenswert als fantastische Literaturverfilmung ab 12 Jahren.

Der indischstämmige Piscine »Pi« Patel erzählt einem Buchautor seine Lebensgeschichte: Aufgewachsen als Sohn eines Zoodirektors im südindischen Pondicherry ist Pi von Kindheit an von Religion fasziniert: Ob Islam, Hinduismus oder Christentum – der spirituelle Pi gewinnt allen Religionen etwas Positives ab, während sein atheistischer Vater ihn dazu ermahnt, sich wenigstens für einen Glauben klar zu entscheiden. Als das Geschäft nicht gut läuft, beschließt Pis Vater mitsamt den ganzen Tieren auszuwandern, diese zu verkaufen und in Kanada ein neues Leben anzufangen. Auf der Übersee-Reise dorthin bricht jedoch ein Sturm über das Schiff herein, das Schiff sinkt und Pi findet sich alleine auf einem Rettungsboot wieder. Mehrere Tiere gelangen ebenfalls auf das Boot, werden jedoch von einer Hyäne getötet, die wiederum vom plötzlich auftauchenden Tiger »Richard Parker« zerfleischt wird. Pi und der Tiger sind nun allein auf dem Boot. Es gelingt ihm, das Raubtier zu bezähmen, und die beiden driften orientierungslos auf hoher See. Schließlich landen sie in Mexiko und Pi wird gerettet, während »Richard Parker« verschwindet. Der Buchautor hakt daraufhin ob der Unglaubwürdigkeit der Geschichte nach, und Pi erzählt eine zweite, realistische Version der Geschichte, der zufolge die Tiere nur symbolisch für das Verhalten der Menschen standen, mit denen er den Schiffbruch erlebte, und der Tiger für ihn selbst und seinen Überlebenswillen stehe. Der Buchautor räumt daraufhin ein, dass die phantastische Erzählung die bessere Geschichte sei, und Pi antwortet: »Und genau so ist es auch mit Gott.«

Der vielfach preisgekrönte und Oscar-prämierte Film lässt seinen Helden in der paradiesischen Pracht der Schöpfung seinen spirituellen Weg gehen und will seine Seher an Gott glauben lassen. Hat der Mensch Gott erschaffen (die »realistische« Erzählung), oder ist doch der Mensch und die Schöpfung von einem Gott getragen (die phantasievollere, aber auch schönere, bewegendere, hoffnungsvollere Geschichte)? Die phantasievolle Erzählung wird durch spektakuläre digitale Animationen noch mehr zu einem Erlebnis.

Unter http://www.kinofenster.de/film-des-monats/archiv-film-des-monats/ kf1212/finden sich weitere Links zu Hintergrundinformationen, Religions- und Gottesbild im Film sowie Anregungen für den Unterricht.

Glaubensfrage

Doubt. USA 2008. Regie: John Shanley. 104 Min. FSK 6/JMK 6: empfehlenswert als Verfilmung eines Theaterstücks ab 12 Jahren. Medientipp-Film des Monats.

Eine katholische Privatschule im New York der 1960er Jahre: Im Kontext der konziliaren Aufbruchsstimmung kommt es zu einem Konflikt zwischen der strengen und konservativen Schulleiterin, Sr. Aloysius Beauvier, und dem aufgeschlossenen und charismatischen Priester Brendan Flynn, der öffentlich über seine Glaubenszweifel spricht. Als sich Flynn besonders um Donald Miller, den ersten farbigen Jungen an der Schule, kümmert, kommen erste Missbrauchsgerüchte auf. Aufgrund einiger fragwürdiger Aspekte der Beziehung von Flynn zu Donald geht Sr. Aloysius schnell von einem tatsächlichen Missbrauchsfall aus. Donalds Mutter verteidigt Flynn jedoch, den sie als wichtige Vaterfigur für ihren Jungen ansieht. Daraufhin konfrontiert die Direktorin Flynn damit, Nachforschungen angestellt zu haben und nun »alles« über seine Vergangenheit zu wissen. Sofort verlässt dieser Schule und Gemeinde. Später gesteht Sr. Aloysius Flynn jedoch, dass ihre angeblichen Nachforschungen eine Lüge waren und die Drohung lediglich ein Mittel, um ihn trotz Mangel an Beweisen von der Schule zu drängen. Am Ende bleibt offen, ob es wirklich zu einem Missbrauchsfall gekommen ist, oder die Direktorin nur einen unliebsamen Konkurrenten um Macht und Einfluss an der Schule loswerden wollte.

Der mehrfach preisgekrönte und Oscar-nominierte Film dokumentiert den Wandel der vom Konzil neu geprägten Katholischen Kirche in den 1960ern und fängt den religiösen Widerspruch von konservativ und progressiv, verschlossen und weltoffen, Gewissheit und Zweifel ein und thematisiert zugleich die aktuelle Missbrauchsfrage, die jedoch nicht die Mitte des Films bildet.

VON MENSCHEN UND GÖTTERN
Les hommes et les dieux. Frankreich 2010. Regie: Xavier Beauvois. 122 Min.
FSK 12/JMK k.A. Kinotipp der Katholischen Filmkritik.

Algerien in den 1990er-Jahren: Neun Trappisten-Mönche leben in einem Kloster unter der Leitung von Abt Christian in friedlicher Koexistenz mit der muslimischen Bevölkerung. Der Abt sucht stets das Verbindende von Christentum und Islam und wird aufgrund seiner Kenntnisse des Korans auch von den Bewohnern der umliegenden Dörfer geschätzt. Das beschauliche Klosterleben aus Gebet, Gesang und Stille gerät jedoch zunehmend durch den algerischen Bürgerkrieg in Bedrängnis, dessen Fronten dem Kloster immer näher rücken. Zwischen Todesangst und Gottvertrauen harren die Mönche der Dinge, während das Kloster zwischen die Truppenlinien der Militärdikatur und der islamistischen Rebellen gerät. Die Mönche müssen sich zwischen Flucht und Solidarität mit der Bevölkerung entscheiden. Sie kommen nach langen Debatten zum Schluss, sich selbst und ihrer Mission treu zu bleiben, eine Entscheidung, die sie mit dem Leben bezahlen.

Der auf einer wahren Geschichte beruhende, Oscar-prämierte Film gibt Zeugnis von einer tiefen Spiritualität, die die Mönche zur äußersten Radikalität des Christlichen antreibt: der Feindesliebe. Ihr tiefer Glaube gibt den bedrängten Männern die Kraft, sich wie Jesus der Macht der Gewalt zu opfern, zugleich stellen sie sich aber auch die Hiob-Frage nach dem Sinn ihres unschuldigen Leidens. Mit ruhigen, manchmal fast statischen Bildern fängt der Film die klösterliche Spiritualität ein und wirft die Frage nach Gewalt, Vergebung, religiöser Toleranz, Leiden und Nächstenliebe auf.

HABEMUS PAPAM – EIN PAPST BÜXT AUS
Habemus Papam. Italien/Frankreich 2011. Regie: Nanni Moretti. 102 Min. FSK 0/
JMK 0: annehmbar als Tragikomödie ab 14 Jahren. Medientipp-Film des Monats.

Nach dem Tod des Papstes treffen sich die Kardinäle zum Konklave. Da es keinen Favoriten für die Wahl gibt, zieht sich das Prozedere lange hin, bis die Entscheidung auf den Außenseiter Kardinal Melville fällt. Der introvertierte Kardinal nimmt die Wahl zwar an, verspürt jedoch kurz vor der Bekanntgabe seines Namens tiefe Zweifel an seiner Berufung und erleidet einen Nervenzusammenbruch. Um einen Ausweg zu finden, wird der Psychoanalytiker Prof. Brezzi hinzugezogen, um dem verzweifelten Papst in spe zu neuem Mut zu verhelfen. Gleichzeitig muss der Vatikansprecher sämtliche Register seines Könnens ziehen, um Presse und Öffentlichkeit bei Laune zu halten. Als der Papst bei einem Ausflug nach Rom auch noch in Zivilkleidung seinen Begleitern entwischt und sich unter das römische Volk mischt, wird die Situation immer unübersichtlicher. Während der Pressesprecher nunmehr die Anwesenheit Melvilles im Vatikan vortäuschen muss, versucht Prof. Brezzi, den sich kirchenrechtlich immer noch im Konklave befindlichen Kardinälen etwas Abwechslung zu verschaffen, indem er ein Volleyballturnier organisiert. In der Zwischenzeit findet Melville durch freundschaftliche Begegnungen mit seinen Mitmenschen in Rom wieder zu sich selbst. Er kehrt in den Vatikan zurück und stellt sich auf dem Balkon den Gläubigen, bekennt jedoch seine mangelnde Berufung und gibt seinen sofortigen Rücktritt bekannt.

Die Tragikomödie zeichnet mit sanftem Witz die menschliche Seite der hohen kirchlichen Ämter: Hinter den Würdenträgern stehen Menschen mit ihren Erfahrungen, Ängsten, Vorlieben und Eigenheiten, die die Verantwortung ihres Amtes auch belasten. Die ausführlichen Darstellungen des Konklaves und des Vatikans machen das Thema »Papstwahl« lebendig, und skurrile Szenen wie das Volleyballturnier der Kardinäle und die kreativen Bemühungen des Pressesprechers zeigen die Welt der Kurie von einer ganz anderen Seite. Von einigen Kritikern wurde der humoristische Zugang als Respektlosigkeit vor dem Amt empfunden, andere sahen gerade dadurch dessen Menschlichkeit gewürdigt.

DER PRIESTER
Priest. Großbritannien 1994. Regie: Antonia Bird. 105 Min. FSK 12/JMK k.A.

Der junge Priester Greg Pilkington beginnt seinen Dienst an der Seite des alten Pfarrers Matthew Thomas in einer Gemeinde in Liverpool. Greg hat eine sehr konformistische und konservative Glaubensauffassung, welche immer wieder Konflikte mit dem älteren Matthew erzeugt, der eine Liebesbeziehung mit seiner Haushälterin Maria hat. Gregs Glaubens- und Selbstbild wird jedoch erschüttert, als er sich in den jungen Graham verliebt und die 14-jährige Lisa ihm gleichzeitig beichtet, dass sie von ihrem Vater sexuell missbraucht wird. Dies wird von ihrem Vater in einer Beichte auch bestätigt, doch Greg wahrt das Beichtgeheimnis und greift nicht in den Fall ein. Hin- und hergerissen von seinen Gefühlen beginnt Greg eine Affäre mit Graham, wird aber beim Sex im Auto von der Polizei erwischt, wodurch seine Homosexualität öffentlich bekannt wird. Lisas Mutter entdeckt mittlerweile den Missbrauch ihrer Tochter und macht Greg schwere Vorwürfe, weil er das Beichtgeheimnis vor den Schutz ihrer Tochter gestellt hat. Greg will sein Priestersein aufgeben, wird aber von Matthew überzeugt, wieder in die Gemeinde zurückzukehren. Beim gemeinsamen Gottesdienst wird Greg von einem Teil der Gemeinde abgelehnt, und auch jene, die dem Gottesdienst weiter beiwohnen, verweigern es, von Greg die Kommunion zu empfangen. Nur Lisa geht demonstrativ zu Greg hin.

Das einfühlsame Drama beschreibt glaubwürdig die Zerrissenheit eines jungen, idealistischen Priesters zwischen persönlichen Gefühlen und den Regeln, die ihm durch sein Amt auferlegt sind. Dabei wird besonders das medial sehr präsente Thema Kirche und (Homo-)Sexualität angesprochen, aber auch christliche Grundfragen nach Gott, Schuld oder Versöhnung werden aufgeworfen. Zudem lässt sich mit den Schülern auch das Verständnis des Priesteramts diskutieren.

STIGMATA
USA 1999. Rupert Wainwright. 103 Min. FSK 16/JMK k.A.

Pater Andrew Kiernan steht im Dienste der vatikanischen Kongregation für Selig- und Heiligsprechungsprozesse und reist in deren Auftrag nach Brasilien, um dort ein angebliches Wunder zu untersuchen. Dabei wird Kiernan, der sich mehr als Wissenschaftler denn als Priester sieht, beim Begräbnis von Pater Alameida zufällig Zeuge einer blutenden Marienstatue. Gleichzeitig beginnt bei der US-amerikanischen Friseurin Frankie Paige eine mysteriöse Stigmatisierung: Selbst nicht gläubig, bekommt sie die Wundmale Christi und erfährt Visionen und merkwürdige Begegnungen. Die Ärzte vermuten Epilepsie und Selbstverletzung. Nachdem auch die Kirche von dem Fall erfährt, wird Pater Andrew nun zu Frankie geschickt und wird Zeuge einer weiteren Stigmatisierung, bei der Frankie beginnt Aramäisch zu sprechen. Der Priester schickt Aufnahmen des Geschehens an die Kongregation und erhält als Antwort, dass es sich bei den aramäischen Worten um Passagen aus dem apokryphen Thomasevangelium handele. Dieses bedrohe jedoch den Machtanspruch der Kirche, weshalb alle Hinweise darauf beseitigt werden sollen. Kardinal Houseman versucht schließlich, Andrew als letzten Zeugen des Thomasevangeliums umzubringen, wird jedoch von diesem überwältigt. Andrew und Frankie flüchten nach Brasilien und finden dort im Grab von Pater Alameida die Originalschrift des Thomasevangeliums.

Der formal exzellent gemachte Horror-Thriller verbindet mehrere Grundelemente: Das Phänomen der Stigmatisierung, das apokryphe Thomasevangelium, welches freilich weder auf aramäisch verfasst wurde noch von der Kirche unterdrückt wird, und die Gegenüberstellung von persönlicher Spiritualität und Kirche als Machtsystem, welches vor nichts zurückschreckt. Aufgrund seiner Machart eignet sich der Film zur Motivierung oder als Ausgangspunkt für diese Thematik (bzw. wird als solcher von der Schülern vorgeschlagen), und funktioniert als provokante Anregung, sich mit Glaube, Wunder und dem historischen Jesus auseinanderzusetzen. Zugleich bedürfen die verzerrten Darstellungen von Stigmatisierung, Thomasevangelium und Kirche freilich einer Diskussion bzw. vertieften Information.

Islam und Migration

DIE GROSSE REISE
Le grand voyage. Frankreich/Marokko 2004. Regie: Ismael Ferroukhi. 108 Min.
FSK 0/JMK 6: sehr empfehlenswert als Diskussionsfilm über eine Vater-Sohn-
Beziehung ab 12 Jahren.

Der junge Franzose Réda, Sohn marokkanischer Immigranten, steht kurz vor
seinem Schulabschluss. Während Religion für ihn uninteressant ist, lebt sein
Vater als strenggläubiger Muslim. Dieser will nun im hohen Alter endlich zu
einem Hadsch nach Mekka aufbrechen. Da sein ältester Sohn jedoch verhin-
dert ist, liegt es nun an Réda, den Vater mit dem Auto nach Saudi-Arabien zu
chauffieren. In der Enge des Autos wird deutlich, wie sehr sich Vater und Sohn
in ihrer Lebens- und Denkweise fremd geworden sind. Auf dem abenteuer-
lichen Road-Trip kommen sie sich jedoch langsam näher. Réda gewinnt ein
neues Verständnis für seine Herkunft und seine Religion, aber auch der Vater
lernt das »moderne« Leben Rédas besser zu verstehen.

Ismael Ferroukhis preisgekrönter, berührender Roadmovie zeigt einen Islam
abseits gängiger Klischees, in seiner Spiritualität, Tradition und Privatheit. Vor
allem das Gebet, aber auch Rituale werden in ihrer Bedeutung ausführlich
gezeigt. Zugleich behandelt der Film auch das Thema »Generationenkonflikt«
und die Situation von jungen Migranten zwischen Tradition und westlicher
Moderne.

ALMANYA – WILLKOMMEN IN DEUTSCHLAND
Deutschland 2011. Regie: Yasemin Samdereli. 101 Min. FSK 6/JMK 6: sehr
empfehlenswert als Jugend- und Diskussionsfilm. Kinotipp der Katholischen
Filmkritik.

Einen ähnlichen thematischen Kontext von Islam, Tradition, Migration und
Generation behandelt diese Tragikomödie. Im Mittelpunkt stehen die Mitglieder der türkischen Familie Yilmaz, deren Großvater Hüseyin in den 1960er
Jahren als Gastarbeiter nach Deutschland gekommen ist. Während der 6-jäh-
rige Cenk gar kein Türkisch mehr spricht, aber in seiner Klasse auch nicht als
Deutscher akzeptiert wird, und Hüseyins Frau endlich die deutsche Staatsbür-
gerschaft erhält, kauft dieser ein Haus in der Türkei, das er als Sommersitz nutzen will. In der Zwischenzeit erzählt Cenks Cousine Canan dem kleinen Jungen die Familiengeschichte, von den Träumen und Schwierigkeiten der ersten
türkischen Migranten. Gemeinsam fährt die Familie in die Türkei, wo Hüseyin
überraschend stirbt. Da er deutscher Staatsbürger ist, verweigern die türkischen
Behörden der Familie die Bestattung auf einem islamischen Friedhof. Stattdes-

sen bringt die Familie den Leichnam in sein Heimatdorf, wo er schließlich die
ewige Ruhe findet. Während Cenks arbeitsloser Onkel Muhamed in der Türkei
bleibt, kehrt der Rest der Familie wieder nach Deutschland zurück.

Sowohl von der deutschen als auch der türkischen Kritik wurde dieser
Film wohlwollend aufgenommen. Die Alltagsprobleme »normaler« türkischer
Migranten werden vor allem an der Frage der Zugehörigkeit – Deutschland?
Türkei? – behandelt. Sinnbildlich dafür sind die Ablehnung Cenks sowohl durch
seine deutschen wie auch türkischen Schulkollegen oder die Weigerung der
türkischen Behörden, den »Deutschen« Hüseyin zu bestatten. Durch die Situierung in Deutschland dockt der Film an die Lebenswelt der Schüler an und
macht manche Probleme von Migranten besser verstehbar.

Persepolis

**Frankreich 2007. Regie: Marjane Satrapi/Vincent Paronnaud. 96 Min. FSK 12/
JMK 12: sehr empfehlenswert als autobiografischer Trickfilm ab 12 Jahren.**

Auch dieser Animationsfilm behandelt das Themenfeld Islam/Migration/Jugend.
Die 8-jährige Marjane wächst im vorrevolutionären Iran auf. Als 1979 die isla-
mische Republik ausgerufen wird, erlebt sie die Aufbruchsstimmung hautnah
mit und träumt sich in ihrer Fantasie als Prophetin. Als jedoch Zensur und
Kontrolle des Alltags immer mehr zunehmen, fühlt sich die nunmehr heranwachsende Marjane eingeengt und rebelliert im Rahmen ihrer Möglichkeiten.
Als der Krieg mit dem Irak ausbricht, schicken sie ihre Eltern ins Lycée Français
nach Wien. Trotz ihres Außenseiterdaseins findet sie bald Anschluss, ihr Leben
gerät jedoch nach einer gescheiterten Beziehung aus der Bahn. Von Heimweh
geplagt kehrt sie nach Teheran zurück, studiert und heiratet. Die Ehe erweist
sich jedoch ebenfalls als Irrweg, sodass sie endgültig nach Europa emigriert
und nach Frankreich geht.

Der in Cannes ausgezeichnete, in Schwarz-Weiß gehaltene Animationsfilm
zeichnet das Leben einer Heimatlosen nach und verdeutlicht, nicht zuletzt mit
einer großen Prise Humor, die politische Situation des islamistisch geführten
Iran, gibt aber auch Einblick in die persische Kultur. Dabei wird differenziert
zwischen dem Islam als tradierter Religion und seinen politisch-radikalen Aus-
wüchsen.

Unter http://www.ph-ludwigsburg.de/fileadmin/subsites/2b-akjl-t-01/user_
files/ph_lesenswert/ausgabe1109/Persepolis.pdf ist ein ausführliches Filmheft
mit Unterrichtsideen von der PH Ludwigsburg abrufbar.

MONSIEUR IBRAHIM UND DIE BLUMEN DES KORAN
Monsieur Ibrahim et les fleurs du Coran. Frankreich 2003. Regie: François
Dupreyon. 94 Min. FSK 12/JMK 10: sehr empfehlenswert als Romanverfilmung
einer interkulturellen Vater-Sohn-Beziehung ab 14 Jahren.

Paris in den 1950er Jahren: Der 15-jährige jüdische Junge Moses lebt mit seinem
Vater in bescheidenen Verhältnissen und wird von ihm vernachlässigt. Mütterlich-
keit erfährt er bei den Prostituierten, die in der Nähe der Wohnung auf den Stra-
ßenstrich gehen. Moses entdeckt mit ihnen seine Sexualität und erfährt zugleich
die fehlende Weiblichkeit in seinem Leben. Bei einem versuchten Ladendiebstahl
freundet er sich mit dem sanftmütigen Ladenbesitzer Monsieur Ibrahim an, der
bald die Vaterrolle im Leben des Jungen einnimmt. Ibrahim macht Moses dabei
mit seiner Lesart des Islams vertraut, dem mystischen Sufismus. Da auch Ibrahim
einsam ist, verbringen die beiden immer mehr Zeit miteinander. Als sein Vater
stirbt, lässt sich Moses von Ibrahim adoptieren und reist schließlich mit ihm in
dessen Heimat Anatolien. In Istanbul besuchen sie christliche Kirchen und eine
Moschee und wohnen einer Darbietung der tanzenden Sufi-Derwische des Mevle-
vi-Ordens bei. Allein unterwegs, verunglückt Ibrahim bei einem Autounfall. Moses
kehrt nach Frankreich zurück und tritt Ibrahims Nachfolge im kleinen Laden an.

   Das moderne Märchen beschäftigt sich einerseits mit den Unwägbarkeiten
des Erwachsenwerdens und der Wichtigkeit einer erwachsenen Bezugsperson,
andererseits eröffnet der Film mit seinem Fokus auf den Sufismus einen Aspekt
des Islams, der in der öffentlichen Wahrnehmung kaum präsent ist. Ibrahim ruft
so zu Toleranz und interkulturellem und interreligiösen Dialog der drei mono-
theistischen Religionen auf.

Jesus Christus

DAS 1. EVANGELIUM – MATTHÄUS
Il Vangelo secondo Matteo. Italien/Frankreich 1964. Regie: Pier Paolo Pasolini.
136 Min. FSK 12/JMK k.A.

Pier Paolo Pasolini hält sich so eng wie möglich an die Szenenfolge und den
Text des Matthäusevangeliums und versucht die Perspektive des Volkes auf Jesus
einzunehmen. Dadurch wird vor allem der soziale Aspekt der Botschaft Jesu
unterstrichen und ein scharfer Kontrast zwischen der Armut der Bevölkerung
und dem Hochmut der Reichen herausgearbeitet. Pasolini entwirft einen kämp-
ferischen Jesus, der sich für Nächstenliebe und Gerechtigkeit einsetzt, »einen
Christus, wie ihn auch das Mittelalter kannte, einen, der Kraft und Entschei-
dungswillen ausdrückt« (Pasolini).

   Der Film, der 1964 bei einer Aufführung im Vatikan von den Geistlichen sehr wohlwollend aufgenommen wurde, zeichnet ein ansprechendes und zugleich evangelientreues Jesusbild, das den Erlöser nicht idealisiert, sondern ihn als Bestandteil einer ungerechten Gesellschaft zeigt, aus der er stammt und in die er mit seiner Botschaft zugleich einbricht.

JESUS VON MONTREAL
Jesus du Montréal. Kanada/Frankreich 1989. Regie: Denys Arcand. 119 Min.
FSK 12/JMK 14. Kinotipp der Katholischen Filmkritik.

Ein weiterer Filmklassiker: Der junge, charismatische Schauspieler Daniel Coulombe soll für Pater Raymond ein modernes Schauspiel über die Passion inszenieren. Daniel sammelt verschiedene Schauspieler für sein Projekt um sich, darunter auch Mireille, die sonst für erotische Werbefotos posiert. Das Passionsspiel wird ein Erfolg und von den Medien begeistert aufgenommen. Um Mireille bei einem Vorsprechen für einen Werbeclip vor einer Bloßstellung durch ihren Ex-Freund, den Regisseur Jerzy, zu bewahren, zerstört er dessen technische Ausrüstung und schlägt damit die Leute am Werbefilmset in die Flucht. Wieder wird die Passion aufgeführt. Als Daniel als Jesus gerade leblos am Kreuz hängt, wird er wegen seines Zerstörungswerks von der Polizei verhaftet. In einem Schnellverfahren kommt er jedoch milde davon. Daraufhin macht ihm ein Anwalt Vorschläge für eine mögliche gewinnbringende Karriere. Bei der letzten Aufführung des gefeierten, aber theologisch umstrittenen Passionsspiels wird es wegen Sicherheitsbedenken von der Polizei abgebrochen, woraufhin Teile des Publikums handgreiflich werden. Im Chaos stürzt das schwere Holzkreuz um und begräbt Daniel unter sich. Erst nach einiger Zeit wird er bewusstlos vom Rettungsdienst abtransportiert. Er erwacht von selbst, hat aber Kopfschmerzen. Plötzlich halluziniert Daniel und spricht, als wäre er Jesus. Dann bricht er erneut zusammen, diesmal aber tödlich. Die Organe Daniels werden entnommen und transplantiert: Der Empfänger des Herzens hat ein neues Leben vor sich, eine Frau kann durch Daniels Netzhaut wieder sehen. Der Anwalt schlägt zur Erinnerung an ihn die Gründung einer Avantgarde-Theatergruppe vor.

Der vielfach ausgezeichnete Film ist die wohl kreativste und geistreichste Auseinandersetzung mit dem Jesus-Stoff. Daniel soll Jesus spielen, doch sein eigenes Schicksal ähnelt immer mehr dem seiner Rolle, und unzählige Analogien zum Leben Jesu entstehen. Es liegt nahe, mit den Schülern den narrativen und ästhetischen Anspielungen im Film nachzugehen und das Leben Jesu so auf neue Weise kennenzulernen.

Unter http://www.kathbern.ch/glaubenssichten/wp-content/uploads/2010/01/ arbeitshilfe-jesus-von-montreal.pdf ist eine Arbeitshilfe mit einer genauen Aufarbeitung der Geschichte und ihren Jesus-Bezügen verfügbar.

THE MAKING OF JESUS CHRIST
Schweiz 2013. Regie: Luke Gasser. 115 Min. FSK 0/JMK k.A. Medientipp-Film des Monats.

In diesem abendfüllenden Dokumentarfilm begibt sich Luke Gasser auf eine persönliche Suche nach Jesus. Die Mischung aus Schauspielszenen und Interviews (u. a. mit Eugen Drewermann und Starregisseur Paul Verhoeven) bietet eine Reise durch Raum und Zeit und geht dem historischen Jesus ebenso nach wie seiner Wirkung und Bedeutung für die Gegenwart: Wie kam es dazu, dass »Jesus Christus« der bekannteste Name der Menschheit und die Evangelien ihre bedeutsamste Geschichte wurden? Der Film bietet eine Gesamtschau auf die Geschichte und die Evangelien und erweist sich als aufrichtige spirituelle Suche des Regisseurs.

DIE BIBEL – JESUS
Italien/Deutschland/USA 1999. Regie: Roger Young. 180 Min. FSK 12/JMK k.A.

Der Film ist ein Abkömmling der Fernsehfilmreihe »Die Bibel«, die mit dem Anspruch, sich weitestgehend an den biblischen Texten zu orientieren, insgesamt 13 Bücher der Bibel in modernen Filmfassungen umgesetzt hat. Roger Youngs Film zeichnet das Leben Jesu vom jungen Erwachsenenalter bis zur Auferstehung mit aufwendigen Kulissen nach. Ein interessanter Ansatz ist, dass immer wieder Bezüge zur Kirchengeschichte und zur Moderne hergestellt werden, die zwischen dem Jesusereignis und der Christentumsgeschichte vermitteln. Da der Film aus zwei Teilen besteht, ist die Beschränkung auf einen (Leben Jesu oder Passion/Auferstehung) sinnvoll, da man sonst auf eine für den Unterricht kaum umsetzbare Länge von 180 Minuten kommt.

Judentum und Shoa

AUF WIEDERSEHEN, KINDER
Au revoir, les enfants. Frankreich/Niederlande/Belgien 1987. Regie: Louis Malle. 104 Min. FSK 6/JMK k.A.

Dieser Klassiker des französischen Kinos erzählt die Geschichte der Freundschaft des 11-jährigen Julien Quentin mit seinem Klassenkameraden Jean Bonnet zur Zeit der nationalsozialistischen Besatzung Frankreichs 1943/44. Im Laufe der Handlung erkennt Julien, dass Jean als jüdisches Kind unter falschem Namen im katholischen Internat versteckt wird. Die Freundschaft konfrontiert Julien zunehmend mit der schwierigen Lage, in der sich die jüdische Minderheit in Frankreich befindet. Schließlich wird Jean Bonnet enttarnt und mit den anderen jüdischen Jungen und dem Direktor von deutschen Soldaten abgeführt.

Dieser vielfach ausgezeichnete Film stellt eine eindringliche Aufarbeitung der Shoa dar und schafft durch das Alter, die Freundschaftsentwicklung und die Schulsituation der Protagonisten zugleich einen persönlichen Anknüpfungspunkt für die Schüler.

Auf der Website http://clubfilmothek.bjf.info/hilfen/plus/aw_kinder/HTML/ABH.HTM findet sich eine Fülle an Unterrichtsmaterialien zum Film.

ZORROS BAR MIZWA
Österreich 2006. Regie: Ruth Beckermann. 90 Min. FSK k.A./JMK 0: annehmbar als Diskussionsfilm ab 12 Jahren.

In diesem Dokumentarfilm begleitet Ruth Beckermann vier 12-jährige Jugendliche aus Wien – Sophie, Sharon, Tom und Moishy – bei ihren Vorbereitungen zur Bar/t Mizwa. Mit einem kritisch-ironischen Blick versucht sie, zwischen religiöser Tradition einerseits und dem Erwachsenwerden andererseits zu vermitteln, auch im Hinblick auf die unterschiedlichen Geschlechterrollen im orthodoxen Judentum.

Aufgrund der Jugendlichkeit der Protagonisten und der Situierung in Wien bringt der Film das Judentum näher zur Lebenswelt der Schüler und macht es damit zugänglicher. Zugleich stellt der Film eine kritische Frage nach der Bedeutung von religiösen Riten für das heutige Leben Jugendlicher überhaupt und schafft damit einen Bezugspunkt zur selbst erlebten Firmung (bzw. Konfirmation).

Unter http://www.kinomachtschule.at/data/zorrosbarmizwa.pdf ist ein ausführliches Filmheft mit Hintergrundinformationen und Anregungen für den Unterricht verfügbar.

ZUG DES LEBENS
Train de vie. Frankreich/Niederlande/Belgien/Israel/Rumänien 1998. Regie: Radu Mihaileanu. 103 Min. FSK 6/JMK k.A.

Die Tragikomödie spielt in einem osteuropäischen Schtetl im Jahre 1941. Die jüdischen Bewohner erfahren von den nationalsozialistischen Deportationen in die Konzentrationslager und beschließen, die Initiative zu ergreifen: Sie erwerben einen alten Zug und verkleiden mehrere Bewohner als Nazi-Soldaten, um eine Deportation zu simulieren und so unbehelligt von den Besatzern nach Jerusalem zu fliehen. Es beginnt eine gefahrvolle Reise, bei der es die falschen Nazis und ihre vorgeblichen Gefangenen sowohl mit ihren richtigen Pendants, aber auch jüdischen Widerständlern zu tun bekommen und schließlich eine Gruppe von Roma treffen, die mit derselben Idee unterwegs sind. Gemeinsam gelingt beiden Gruppen die Flucht ins gelobte Land. Am Ende sieht man aller-

dings Hauptfigur Schlomo mit einer KZ-Häftlingskleidung und er erklärt, dies
wäre nur »fast die wahre« Geschichte seines Schtetls gewesen.

Der mehrfach preisgekrönte Film vermittelt perfekt zwischen dem erlebten
Grauen der Shoa einerseits und dem jüdischen Humor andererseits und schafft
so eine Brücke zwischen Schicksal und Lachen, zwischen Tod und Lebensfreude.
Jiddische Kultur und Musik werden dargestellt und Klischees selbstironisch auf
die Spitze getrieben. Letztere sollten in der Nachbearbeitung unbedingt aufgezeigt werden, um nicht als stereotypes Bild in Erinnerung zu bleiben.

Alles auf Zucker!
Deutschland 2004. Regie: Dani Levy. 95 Min. FSK 6/JMK k.A.

Dani Levys rasante Komödie spiegelt das Leben von Juden im modernen
Deutschland wider. Der völlig säkularisierte Jude Jakob »Jaeckie Zucker« Zucker-
mann hofft, mit der Erbschaft seiner gerade verstorbenen Mutter einen Ausweg
aus seinen Geldproblemen zu finden. Das Testament verlangt von Jaeckie jedoch
nicht nur eine siebentägige Trauerzeit nach jüdischer Tradition, sondern auch
eine Aussöhnung mit seinem strenggläubigen Bruder Samuel. Während Jae-
ckies Frau dem mitsamt Familie angereisten Samuel eine möglichst »jüdische«
Atmosphäre vortäuschen will, werden seine Probleme immer größer. Schließlich
raufen sich die beiden so unterschiedlichen jüdischen Familien doch zusammen
und überzeugen auch den Rabbi, der über die korrekte Umsetzung des Testa-
ments wacht, von einer versöhnlichen Lösung.

In der Tradition des jüdischen Humors angesiedelt, zeigt der Film das
moderne, europäische Judentum in seiner Vielfalt von Tradition bis hin zur
säkularisierten Moderne. Damit wird das oft medial vermittelte Bild des immer
»religiösen« Juden aufgebrochen und eine differenziertere Sichtweise auf die
unterschiedliche (bis eben gar nicht vorhandene) Glaubenspraxis von Juden
in Europa ermöglicht.

Defamation
Hashmatsa. Israel 2009. Regie: Yoav Shamir. 95 Min. FSK 12/JMK 10:
sehr empfehlenswert als Diskussionsfilm ab 14 Jahren. Film des Monats
der Jury der Evangelischen Filmarbeit.

Dieser preisgekrönte Dokumentarfilm begibt sich auf die Spuren des modernen
Antisemitismus. Der israelische Regisseur Yoav Shamir versucht herauszufinden,
was Antisemitismus überhaupt ist und welche Rolle er in gesellschaftlichen und
politischen Diskursen spielt. Verschiedene Interviews und Beiträge erlauben
einen differenzierten und kritischen Blick auf Praxis und Wahrnehmung von
Antisemitismus heute. Dabei setzt sich Shamir nicht zuletzt mit der Anti-De-

famation-League auseinander, die Antisemitismus bekämpft, aber bis zu einem gewissen Grad auch zu politischen Instrumentalisierungen des Begriffs neigt. Auch die Lage der Palästinenser in Israel wird kritisch beleuchtet.

Das herausragende Werk vermittelt exzellent zwischen verschiedenen Meinungen und Perspektiven und leistet so einen wertvollen Beitrag zur religiösen, aber auch politischen Bildung von Schülern.

SCHINDLERS LISTE
Schindler's List. USA 1994. Regie: Steven Spielberg. 194 Min. FSK 12/JMK k.A. Kinotipp der Katholischen Filmkritik.

Polen nach der Besetzung durch das nationalsozialistische Deutschland: Der Unternehmer Oskar Schindler erwirbt als NSDAP-Mitglied und dank seiner guten Kontakte zur SS eine Emaillefabrik. Erst die Unterstützung des jüdischen Funktionärs Itzhak Stern verhilft ihm jedoch zur positiven Geschäftsentwicklung. Mit Beginn der Räumung der jüdischen Ghettos und den Deportationen der Juden in die Konzentrationslager verändert sich die Situation für Schindler, für den auch viele jüdische Arbeitnehmer tätig sind. Als Schindler sich über das Ausmaß der Verbrechen im Klaren wird, setzt er gemeinsam mit Stern alle Hebel in Bewegung, um seine Arbeiter zu schützen und setzt dabei selbstlos sein ganzes Vermögen ein. Als er vor der heranrückenden Roten Armee fliehen muss, überreichen ihm seine geretteten Arbeiter einen Ring, in dem ein Talmud-Zitat eingraviert ist: »Wer nur ein Menschenleben rettet, rettet die ganze Welt.«

Der mit unzähligen Preisen ausgezeichnete Film ist Steven Spielbergs Aufarbeitung der Geschichte seiner eigenen Familie, von der mehrere Mitglieder in Konzentrationslagern ermordet wurden. In bewegenden Schwarz-Weiß-Aufnahmen legt der Film Zeugnis davon ab, dass es ein richtiges Leben im falschen geben kann: ein Plädoyer für Menschlichkeit im Kontext der Grausamkeit der Geschichte.

Aufgrund der Überlänge des Films empfiehlt sich unbedingt eine Kooperation mit dem Geschichteunterricht. Für den Unterrichtseinsatz ist eine Vielzahl an unterschiedlichen Materialien im Internet abrufbar.

DER JUNGE IM GESTREIFTEN PYJAMA
The Boy in The Striped Pyjamas. Großbritannien/USA 2008. Regie: Mark Herman. 94 Min. FSK 12/JMK 12: empfehlenswert als KZ-Kindheitsdrama ab 12 Jahren. Kinotipp der Katholischen Filmkritik.

Der 8-jährige Bruno, Sohn eines SS-Offiziers, zieht mit seiner Familie von Berlin in ein Anwesen bei einem Konzentrationslager, zu dessen Leiter sein Vater Ralf befördert wurde. Das Lager befindet sich jedoch nicht wie versprochen weit weg vom neuen Wohnhaus, sondern grenzt unmittelbar daran. Bruno wird es zwar

verboten in den »Hinterhof« zu gehen, er sieht allerdings vom Fenster aus arbei-
tende Erwachsene und Kinder in gestreiften Anzügen, die er als Pyjamas interpretiert. Es wird ihm erklärt, dass es sich dabei um Bauern handle. Eines Tages
geht Bruno doch in den verbotenen Hinterhof und gelangt bis zum Stacheldraht-
zaun, wo er die Geschehnisse im Lager genauer beobachtet, aber nicht versteht.
Dabei freundet er sich auch mit dem gleichaltrigen Jungen Schmuel an. Als sich
Brunos Mutter Elsa über die grausamen Zustände im Lager klar wird, setzt sie
durch, mit ihren Kindern nach Heidelberg gehen zu können. Vor der Abreise
will sich Bruno noch von Schmuel verabschieden, der ihm erklärt, dass sein Vater
verschwunden sei. Bruno schafft es, ins Lager zu kommen, wo er sich als Sträf-
ling verkleidet und gemeinsam mit Schmuel dessen Vater sucht. Dabei geraten
sie in eine Selektion und werden mit anderen Männern zur Vergasung gebracht.
Als Elsa und Ralf das Fehlen Brunos bemerken und sich auf die Suche nach ihm
begeben, ist es bereits zu spät: Bruno wird gemeinsam mit den anderen ermordet.

Gerade durch den narrativen, fiktionalen Zugang aus der Perspektive des
kindlich-naiven Bruno werden die Grauen der Konzentrationslager noch einmal stärker wahrnehmbar und wird Betroffenheit beim Zuseher erzeugt. Eine
innovative und so herausfordernde Konstellation ist die Inszenierung eines
Familiendramas einer Nazi-Familie, die zwischen liebender Fürsorge für ihre
Kinder und ihrer Mitwirkung am Verbrechen der Shoa steht. Der Film basiert
auf dem gleichnamigen Bestseller von John Boyne.

Ausführliches Unterrichtsmaterial findet sich unter http://www2.media-
manual.at/pdf/filmabc/19_filmabcmat_Der-Junge-im-gestreiften-Pyjama.pdf

Kirchengeschichte

DER NAME DER ROSE
Deutschland/Italien/Frankreich 1986. Regie: Jean-Jacques Annaud. 126 Min.
FSK 12/JMK k.A.

In einer italienischen Cluniazenser-Abtei kommt es 1327 zu geheimnisvollen
Todesfällen. Der Franziskaner William von Baskerville und sein Novize Adson
von Melk versuchen die rätselhaften Tode zu klären. Williams Nachforschungen
bringen ihn bald auf die Spur eines geheimnisvollen Buches, dem zweiten Teil
der Poetik des Aristoteles. Während ein politischer Konflikt und die Ankunft
des Inquisitors Bernard Gui die Situation verschärfen, entlarvt William den grei-
sen Alt-Bibliothekar Jorge von Burgos als Verantwortlichen. Er hat die Seiten
des Buches vergiftet um ihren Inhalt zu verschleiern, den er als gefährlich für
Glaube und Kirche ansieht. Am Ende gehen das Buch und die ganze Bibliothek
in Flammen auf, während sich William und Adson retten können.

Die nicht unumstrittene filmische Umsetzung von Umberto Ecos legendä-
rem »Klosterkrimi« beeindruckt vor allem durch die Authentizität seiner Kulissen und die aufwendige Inszenierung. Damit wird die klösterliche Welt des
Mittelalters mit ihren Skriptorien, Bibliotheken und Refektorien lebendig, und
die apokalyptischen, abergläubischen und zugleich frommen Denkweisen der
Mönche und das Unheil der Inquisition werden mit einer Kriminalgeschichte
kombiniert und so interessant aufbereitet.

MISSION
The Mission. Großbritannien 1996. Regie: Roland Joffé. 126 Min. FSK 12/JMK k.A.

Der Film spielt in einer südamerikanischen Jesuitenreduktion im 18. Jahrhundert, in denen die Guaraní-Indianer zur Missionierung und zum Schutz vor
Übergriffen durch Sklavenhändler angesiedelt waren. Der Jesuitenpater Gabriel
hat hier eine urchristliche Atmosphäre geschaffen, in der auch der reuige Sklavenhändler Rodrigo Mendoza seinen Frieden findet. Als mit dem Vertrag von
Madrid 1750 das Gebiet an die Portugiesen fällt, rücken deren Soldaten an um die
Reduktion aufzulösen. Mendoza organisiert den Widerstand der Indigenen, wird
dabei jedoch ebenso getötet wie Pater Gabriel und eine große Zahl der Guaraní.

Die fiktive Filmhandlung ist an die Ereignisse in den Jesuitenmissionen in
Paraguay angelehnt, die im Guaraní-Krieg von 1754 bis 1765 kulminierten. Die
Figur des Pater Gabriel trägt dabei Züge des heiliggesprochenen jesuitischen
Märtyrers Rochus Gonzáles. In beeindruckenden Bildern wird der historische
Widerspruch der Christentumsgeschichte inszeniert, hier die friedliche, an
Gerechtigkeit orientierte Mission, dort der gewaltsame Machtanspruch und
die Kooperation von Papsttum und staatlicher Gewalt.

JEANNE D'ARC – DIE FRAU DES JAHRTAUSENDS
Joan of Arc. Kanada 1999. Regie: Christian Duguay. 180 Min. FSK 12/JMK k.A.

Preisgekrönte Verfilmung des Lebens der Jungfrau von Orléans: Die 13-jäh-
rige Jeanne erhält inmitten der Wirren des Hundertjährigen Krieges Visionen
von Engeln und Heiligen, die ihr auftragen, Frankreich von den Engländern zu
befreien und den rechtmäßigen König auf den Thron zu führen. Sie besteht die
Prüfungen des skeptischen Hofstaates und überzeugt den jungen Karl VII., dass
sie vom Himmel gesandt wurde um Frankreich zu retten. Angeführt vom Kamp-
fesmut der jungen Frau gelingt es den Franzosen tatsächlich, entscheidende Stellungen der Engländer zurückzuerobern und Karl in Reims zum König zu krönen.
Doch dann wenden sich immer mehr einflussreiche Personen von Jeanne ab, und
auch Karl lässt sie fallen. Schutzlos wird sie von den Burgundern gefangengenommen, an die Engländer ausgeliefert und als Hexe und Häretikerin verurteilt.

Duguay inszenierte die Lebensgeschichte der heiliggesprochenen französischen Nationalheldin weitgehend gemäß der historischen Sachlage und verfügte mit der damals 16-jährigen Leelee Sobieski über eine Idealbesetzung für die Rolle. Aufgrund der Überlänge ist eine Kooperation mit dem Geschichte- oder Französischunterricht empfehlenswert. Dieser Film ist nicht zu verwechseln mit dem historisch weniger genauen Kinofilm von Luc Besson aus dem Jahre 1999 mit Milla Jovovich in der Hauptrolle.

Leben, Glück und Liebe

INTO THE WILD – DIE GESCHICHTE EINES AUSSTEIGERS
Into the Wild. USA 2007. Regie: Sean Penn. 148 Min. FSK 12/JMK 10: sehr empfehlenswert als Aussteigerdrama ab 12 Jahren. Medientipp-Film des Monats.

Nach einer wahren Geschichte: Der 22-jährige Christopher McCandless ist in einer wohlhabenden, aber strengen Familie aufgewachsen und hat gerade seinen Uniabschluss in der Tasche. Er liebt die Natur und begeistert sich inspiriert von Tolstoi und Thoreau für die Ideen der Gerechtigkeit und des Rückzugs aus der materialistischen Konsumgesellschaft. Er spendet all seine Ersparnisse, vernichtet seine Dokumente und bricht unter dem Namen »Alexander Supertramp« zu Fuß mit einem Rucksack in das Ungewisse auf, mit dem Ziel, nach Alaska zu kommen. Der Weg dorthin ist geprägt von vielen Entbehrungen, aber auch Begegnungen, die ihn und seine Mitmenschen verändern. In Alaska wird er durch die Schneeschmelze von seinem Rückweg abgeschnitten und muss in einem verrosteten Bus ausharren, der ihm als Unterschlupf dient. Geschwächt von Nahrungsmittelknappheit und einer Pflanzenvergiftung stirbt er ausgemergelt zwei Jahre nach Beginn seiner Reise. Kurz darauf finden zwei Elchjäger seinen Leichnam und seine letzten Aufzeichnungen.

Auch bekannt unter dem Titel »In der Wildnis« inszeniert Sean Penn einfühlsam die großen Fragen nach Lebenssinn, Liebe und Freiheit. Der Protagonist entdeckt sich in der Weite der Natur selbst und vielleicht noch mehr. Ein Film, der durch seine Ruhe und durch die Gesichtspunkte Hunger und Askese und die Frage nach dem Sinn des Lebens gerade für die Fastenzeit interessant ist.

MOMO
Deutschland/Italien 1986. Regie: Johannes Schaaf. 104 Min. FSK 6/JMK k.A.

In Michael Endes märchenhafter Erzählung findet der Straßenkehrer Beppo das Waisenmädchen Momo, das durch eine außergewöhnliche Eigenschaft auffällt: Sie widmet ihre Zeit ganz ihren Mitmenschen, hört ihnen aufmerksam zu und bringt sie mit Fragen dazu, ihr Handeln zu überdenken. Eines Tages tauchen die »grauen Herren« von der »Zeitsparkasse« auf, die den Bewohnern der Stadt vorschlagen, ihre Zeit doch für später anzusparen. Diese gehen darauf ein, doch im Blick auf die Zukunft verlieren sie unbemerkt die Bedeutung der Gegenwart und vergessen, im Hier und Jetzt zu leben. Ihr Leben wird immer hektischer und freudloser, nur noch das Nützliche zählt. Auf der Suche nach Antworten begegnet Momo dem geheimnisvollen Meister Hora, dem Herren der Zeit, der diese nun anhält um die grauen Herren aufzuhalten. Mithilfe von Meister Hora gelingt es Momo, die geraubte Zeit zu befreien und in die Herzen der Menschen zurückzubringen. Das Glück kehrt in die Stadt zurück.

Das moderne Märchen ist eine klare Kritik an einer kapitalistischen Leistungsgesellschaft, an der Schnelllebigkeit und dem Nützlichkeitsdenken der Moderne. Gerade aus Kinderperspektive findet man sich schnell in Momos Welt wieder. Gestresste Eltern, die zu wenig Zeit haben, Betreuungseinrichtungen, Konsum und der zunehmende Ausschluss von den öffentlichen Plätzen werden ihnen durchaus bekannt vorkommen. Zudem greift Michael Ende mit der Zeitmetapher auch das moderne Bankwesen an, das vom Geld anderer Leute lebt und sie in Abhängigkeiten bringt. Dagegen unterstreicht Momo die Bedeutung der Gegenwart, der Freundschaft, der Phantasie und des Zeit-Schenkens.

Unterrichtsmaterial unter dem Motto »Momo hat Zeit« unter http://www.katechese.ch/thema/sammlung/momohatzeit.html.

NORDRAND
Österreich/Schweiz/Deutschland 1999. Regie: Barbara Albert. 103 Min.
FSK 16/JMK k.A. Kinotipp der Katholischen Filmkritik.

1995 in Wien: Die ehemaligen Schulkolleginnen Jasmin und Tamara treffen sich zufällig wieder – in einem Krankhaus, in dem beide gerade eine Abtreibung vornehmen lassen. Jasmin steckt in Schwierigkeiten, sie wird von ihrem Freund geschlagen und der Vater des abgetriebenen Kindes ist ihr Chef. Tamara hingegen, Tochter von mittlerweile wieder in Bosnien lebenden serbischen Migranten, ist von ihrem Freund Roman schwanger, der gerade seinen Wehrdienst ableistet. Als Jasmin nach einem Fortgehabend schwer betrunken liegen bleibt und zu erfrieren droht, wird sie vom illegalen bosnischen Flüchtling Senad gerettet, mit dem sie anschließend eine Beziehung beginnt. Gleichzeitig trennen sich Tamara und Roman aufgrund des Schwangerschaftsabbruchs und wegen Romans Eifersucht. Zu Silvester kommt Tamara dem jungen Rumänen Valentin näher, während Jasmin erneut fremdgeht und anschließend schwanger ist, wobei sie aber von Senads Vaterschaft überzeugt ist. Am Ende trennen sich jedoch alle: Valentin zieht in die USA, Tamara reist zurück zu ihren Eltern nach Sarajevo, Senad bleibt in Wien und findet einen Ausbildungsplatz, und auch Jasmin geht schwanger ihre eigenen Wege. Ob sie wieder abtreiben lässt, bleibt offen.

Barbara Alberts Anspruch war es, mit ihrem vielfach preisgekrönten Film einen realistischen Blick auf die Lebenssituation Jugendlicher in Wien zu werfen, auf den Einfluss der Migration, auf familiäre Gewalt und Beziehungskrisen. Die Erfahrung des Balkan-Kriegs, prekäre Familiensituationen und Beziehungsprobleme prägen die Protagonisten dieser authentischen Milieustudie. Der Film kann als ungewöhnlicher Ausgangspunkt für die Frage nach der Bedeutung von Liebe und Sexualität für heute Jugendliche eingesetzt werden.

Einige Ideen für den Unterricht finden sich unter http://www.flux-agentur. de/fileadmin/flux/pdf/oesterreich/pdf/nordrand-schulheft.pdf

DIE FABELHAFTE WELT DER AMÉLIE
Le fabuleux destin d'Amélie Poulain. Frankreich 2001. Regie : Jean-Pierre Jeunet. 122 Min. FSK 6/JMK k.A. Kinotipp der Katholischen Filmkritik.

Amélie Poulain wächst wohlbehütet in Paris auf. Da ihr distanzierter Vater, ein Arzt, bei ihr fälschlicherweise einen Herzfehler diagnostiziert, wird sie zu Hause unterrichtet und hat keinen Kontakt mit anderen Kindern, weshalb sie sich eine Fantasiewelt erschafft. Erwachsen geworden, arbeitet Amélie als Kellnerin in einem Café und freut sich an den kleinen Dingen des Lebens. Eines Tages beschließt sie, anderen Menschen zu helfen und sie damit glücklich zu machen. Mit Kreativität und Witz gelingt es ihr, Personen in ihrem Umfeld neue Lebensfreude zu schenken. Ihr eigenes (Liebes-)Glück bleibt ihr jedoch zunächst verwehrt. Zwar hat sie in Nino ihren Seelenverwandten erkannt, traut sich aber nie, ihm gegenüber zu treten. Erst der alte Maler Raymond kann sie davon überzeugen, an ihr eigenes Glück zu glauben. Amélie und Nino finden schließlich zueinander.

Mit unglaublichem Detailreichtum und vielen humorvollen Einfällen ist »Amélie« ein modernes Märchen über das Glück. Jeunet weist die Vorstellung eines Schicksals zurück und beschreibt das menschliche Leben als Fülle an Möglichkeiten, deren Wahrwerden nicht zuletzt von unseren Entscheidungen abhängt. Paris wird dabei zu einer verzauberten Märchenwelt, in der Unverhofftes wahr wird und Menschen so ihr Glück finden, dank Amélie, die dazu immer wieder den Anstoß gibt. So wird auch ein Nachdenken darüber angeregt, was unser persönliches Glück ist und wie wir andere glücklich machen können.

Eine enorme Vielfalt an unterschiedlichem Unterrichtsmaterial zum Film findet sich unter http://nline.nibis.de/filmkanon/menue/nibis.phtml?menid=1047.

Der Himmel über Berlin
Deutschland/Frankreich 1987. Regie: Wim Wenders. 127 Min. FSK 6/JMK k.A.

Die Engel Damiel und Cassiel wachen über Berlin. Die körperlosen Wesen beobachten die Menschen und hören ihre Gedanken. Sie können zwar in deren Leben nicht eingreifen, ihnen jedoch neuen Mut einflößen. Fasziniert von der Trapezkünstlerin Marion entsteht in Damiel der Wunsch, am Leben, das er Tag für Tag beobachtet, teilhaben zu können und selbst ein Mensch zu werden, auch um den Preis des Verlusts seiner ewigen Existenz als Engel. Als Damiel bemerkt, dass er nicht der erste Engel ist, der diesen Schritt gemacht hat, lässt er sich auf das Abenteuer ein. Mit kindlicher Naivität begibt sich Damiel auf die Entdeckungsreise durch das menschliche Dasein.

Wenders anspruchsvoller Filmklassiker ist vor allem im ersten Teil, in dem sich Berlin und das lebhafte Treiben der Stadt vor den Augen der Engel – nur in Schwarz-Weiß – offenbaren, ein außergewöhnliches Sehereignis. Eine Suche nach der Bedeutung und dem Wert des menschlichen Lebens.

Leben mit Behinderung

Die Blindgänger
Deutschland 2004. Regie: Bernd Sahling. 88 Min. FSK 0/JMK k.A.

Die 13-jährigen Freundinnen Marie und Inga besuchen gemeinsam eine Blindenschule und leben im dazugehörigen Internat. Als eine Band musikalische Verstärkung sucht, bewerben sie sich, werden jedoch trotz ihrer Fähigkeiten wegen ihrer Blindheit abgelehnt. Marie lernt den jungen Russlanddeutschen Herbert kennen, der von seinem Vater davongelaufen ist und zu seiner Mutter nach Kasachstan zurückkehren möchte. Er findet bei den Mädchen Unterschlupf und die drei beginnen, als Straßenmusiker Geld für Herberts Rückreise aufzutreiben. Als ihnen das verdiente Geld gestohlen wird, gründen sie gemeinsam mit ihrem Internatsfreund Daniel die Schülerband »Die Blindgänger« und nehmen mit der Unterstützung des Direktors an einem Musikvideo-Wettbewerb teil. Trotz aller Schwierigkeiten mit Herberts Vater gelingt ihnen der Sieg, und das Preisgeld ermöglicht Herbert die Rückkehr in seine Heimat.

Ein mehrfach ausgezeichneter Film, der für Schüler im Alter der Protagonistinnen eine kurzweilige und unsentimentale Annäherung an das Leben von Blinden bietet. Diese werden als normale Jugendliche mit Stärken und Schwächen dargestellt, die sich ebenso den Herausforderungen des Erwachsenwerdens zu stellen haben. Mit präzisem Einsatz von Musik und Geräuschen werden die Sinne der Zuseher zu einem anderen Wahrnehmen abseits des dominanten Sehsinnes eingeladen. Mit dem Schicksal von Herbert erweitert sich die Thematik zum »Fremdsein« im Allgemeinen, sei es durch die Herkunft oder durch die Behinderung.

Ein ausführliches Filmheft findet sich unter http://www.kinomachtschule. at/data/blindgaenger.pdf.

JENSEITS DER STILLE
Deutschland 1996. Regie: Caroline Link. 112 Min. FSK 6/JMK k.A.

Die junge Lara wächst als Kind gehörloser Eltern auf und übernimmt schon von Kindheit an viel Verantwortung für ihre Familie, da sie als Übersetzerin zwischen Deutsch und Gebärdensprache fungiert. Als ihr ihre Tante zu Weihnachten eine Klarinette schenkt, entdeckt Lara mit großer Begeisterung die Musik und betritt damit einen Weg, auf den ihre Eltern ihr nicht mehr folgen können. Das talentierte Mädchen macht schnell Fortschritte, entfernt sich dabei jedoch auch emotional von ihren Eltern. Als ihre Mutter bei einem Unfall stirbt und Lara die Chance bekommt, an einer Musikhochschule in Berlin zu studieren, fühlt sich ihr Vater von ihr im Stich gelassen. Am Ende scheint es jedoch wieder eine versöhnliche Annäherung der beiden zu geben, und ihr Vater bemüht sich, Laras Liebe zur Musik zu verstehen.

Der großartig inszenierte Film ist eine einfühlsame Annäherung an das Leben und die Probleme von Gehörlosen und verbindet dies mit einer klassischen Geschichte des Erwachsenwerdens. Schüler können dabei über das Leben Gehörloser ebenso nachdenken wie über ihr eigenes Verhältnis zu ihren Eltern, die ebenso für manche ihrer Anliegen »taub« sein können.

ME TOO – WER WILL SCHON NORMAL SEIN?
Yo, también. Spanien 2009. Regie: Álvaro Pastor Gaspar/Antonio Naharro. 103 Min. FSK 6/JMK 10: sehr empfehlenswert als Beziehungsdrama ab 12 Jahren.

Daniel, der das Down-Syndrom hat, beginnt seine neue Arbeit beim Amt für Gleichberechtigung in Sevilla. Dort verliebt er sich in seine nichtbehinderte Arbeitskollegin Laura, deren Leben völlig aus den Fugen geraten ist: Zerstritten mit ihrer Familie und unzufrieden mit ihrem Leben stürzt sie sich in Alkohol und One-Night-Stands. Im Unterschied zu anderen Arbeitskollegen geht sie aber völlig vorurteilsfrei mit Daniel um und nimmt ihn ernst. Im Laufe der Ereignisse wird die schwierige Familiengeschichte von Laura aufgedeckt. Als ihr Vater im Sterben liegt, steht Daniel Laura bei, sodass sie sich emotional näher kommen. Beide gestehen sich ihre Liebe zueinander, zugleich wird ihnen aber auch klar, dass eine Beziehung auf Dauer nicht möglich sein wird. Laura und Daniel schlafen dennoch ein einziges Mal miteinander, was für Daniel die erste sexuelle Erfahrung seines Lebens ist. Zwar hat sich seine Hoffnung auf eine Liebesbeziehung nicht erfüllt, er merkt jedoch, dass die Ereignisse für seine Persönlichkeitsentwicklung wertvoll waren. In einer Nebenhandlung verlieben sich auch die beiden »Downies« Pedro und Luisa ineinander, deren Liebe erst mithilfe von Daniel und Laura von den jeweiligen Familien langsam akzeptiert wird.

Der vielfach ausgezeichnete Film, in dem Pablo Pineda (der erste Europäer mit Down-Syndrom, der einen Hochschulabschluss hat) die Hauptrolle übernahm, gewinnt durch Pineda eine besondere Authentizität, die die Zusehenden einfühlsam an das Leben von Menschen mit Down-Syndrom heranführt.

RAIN MAN
USA 1988. Regie: Barry Levinson. 133 Min. FSK 12/JMK k.A.

Der egozentrische Autohändler Charlie hat zwar mit seinem Vater gebrochen, erwartet sich nach dessen Tod jedoch eine hohe Erbschaft. Zu seinem Entsetzen muss er feststellen, dass sein Vater das Vermögen von drei Millionen Dollar an die Wallbrook-Klink für geistig Behinderte vermacht hat. Als er der Sache auf den Grund geht, begegnet er in der Klink seinem autistischen Bruder Raymond, von dessen Existenz er bisher nichts gewusst hat. Um ihn als Druckmittel zu verwenden, um zumindest an die Hälfte der Erbschaft zu gelangen, nimmt Charlie seinen Bruder mit und fährt zurück nach Kalifornien. Dabei lernt er ihn immer besser kennen: Raymond scheint zwar hochintelligent zu sein, ist jedoch unfähig, Beziehungen zu führen, Alltagshandlungen allein zu bewältigen oder Abweichungen von seinem gewohnten Tagesablauf zu ertragen. Zudem erwachen in Charlie Erinnerungen an seine ersten Lebensjahre, in denen Raymond noch mit ihm gemeinsam im Haus lebte, bevor er in ein Heim gegeben wurde, aus Angst, er könnte seinem kleinen Bruder versehentlich etwas antun. Charlie nutzt schließlich Raymonds phänomenale mentale Fähigkeiten, um in einem Casino groß abzuräumen. Im Laufe der Handlung kommen sich Raymond und Charlie auch menschlich näher. Raymond verspürt bisher ungekannte menschliche Zuneigung. Am Ende kehrt er zwar in das Heim zurück, Charlie verspricht jedoch, ihn regelmäßig zu besuchen.

Der mehrfach Oscar-prämierte Filmklassiker lebt vor allem von der sensiblen und einnehmenden Darstellung Raymonds durch Dustin Hoffman. Sowohl die Schwierigkeiten im Umgang mit Menschen, die auf irgendeine Weise »anders« sind, als auch die Chancen, durch diesen Umgang menschlich zu reifen, werden durch die Tragikomik des Films sichtbar.

Ein englischsprachiges Filmheft findet sich unter http://www.filmeducation. org/pdf/film/Rainman.pdf.

Lebensbilder heiliger und gläubiger Menschen

BRUDER SONNE, SCHWESTER MOND
Brother Sun, Sister Moon. Italien/Großbritannien 1972. Regie: Franco Zeffirelli.
116 Min. FSK 12/JMK k.A.

Dieser Klassiker des religiösen Films erzählt die Jugendjahre von Franz von Assisi. Der krank vom Krieg heimgekehrte Francesco entdeckt in der Natur und schließlich in einer alten Kirchenruine den Glauben und die Tiefe des Lebens. Angewidert vom Reichtum seines Vaters wie auch der Kirche sagt er sich von seiner Familie los und lebt als Bettler. Immer mehr junge Leute schließen sich ihm an und kommen in Konflikt mit der herrschenden Ordnung. Francesco zieht nach Rom, um sich von Papst Innozenz die Legitimation für seine Gemeinschaft zu holen. Dieser erkennt in ihm das wahre Wesen des Christentums und segnet ihn und seine Gemeinschaft. Die Anerkennung bleibt in der Spannung zwischen christlicher Frömmigkeit und dem einfachen kirchenpolitischem Kalkül der Kardinäle, dass die Franziskaner die Armen wieder zurück zur Kirche treiben mögen.

Zweifellos eine sehr verklärende und mit enormem Aufwand betriebene Filmbiographie mit bewussten zeitgenössischen Anlehnungen an die Hippie-Kultur, der es dennoch gelingt, wichtige Charakterzüge des großen Heiligen zu vermitteln.

FRANZISKUS
Francesco. Italien/Deutschland 1989. Regie: Liliana Cavani. 150 Minuten.
FSK 12/JMK k.A.

Alternativ zu Zeffirellis Klassiker bietet sich diese neuere Franziskus-Interpretation von Liliana Cavani an. Im Unterschied zum ersten Film wird hier die gesamte Lebensgeschichte des Franz von Assisi aus einer bewusst subjektiven Perspektive dargestellt, also auch die Konflikte innerhalb der Franziskaner und die Stigmatisierung kurz vor seinem Tod. Franz' Leben wird dabei als Gegenentwurf zum modernen Materialismus gezeichnet.

JOHANNES XXIII. – FÜR EINE WELT IN FRIEDEN
Il Papa buono. Italien 2004. Regie: Ricky Tognazzi. 104 Min.
(Langfassung: 189 Min.). FSK k.A./JMK k.A.

Ein filmisches Portrait des großen Papstes: Als Johannes XXIII. im Sterben liegt, erinnert sich sein Weggefährte Kardinal Mattia Carcano an den Lebensweg des Bauernjungen Angelo Roncalli, vom Priesterseminar zur Weihe, vom Bischofssekretär zum Bischof von Ankara, von dort zum Patriarchen von Venedig. In allen Stationen gerät Roncalli durch seine offene und solidarische Art immer wieder in Konflikt mit den kirchlichen Autoritäten. Die private Seite des Papstes wird durch die Darstellung seiner Freundschaft zu Carcano und ihrem gemeinsamen Freund Nicola Catania beleuchtet. Nach seiner Wahl zum Papst folgen die wesentlichen Stationen seines Pontifikats, die Kubakrise und die Einberufung des Zweiten Vatikanischen Konzils. Am Ende stirbt Johannes, und seine Weggefährten Mattia und Nicola können ob des gemeinsamen Verlustes ihre vergangenen Zwistigkeiten beilegen.

Der Film ist sehr bemüht, den Lebensweg des Papstes mit allen Stationen nachzuzeichnen und gleitet dabei immer wieder in eine begeisterte Huldigung ab. Tognazzi zeigt Johannes als menschenfreundlichen, offenen Mann, der die Herzen aller Menschen gewinnen konnte. Für Authentizität sorgt die Mitarbeit von Marco Roncalli, einem Großneffen von Johannes.

Der Film hat eine eigene Website mit Hintergrundinformationen, Texten und Presseartikeln: http://www.johannes-derfilm.de.

Mutter Teresa – In Namen der Armen Gottes
Mother Teresa – In The Name of God's Poor. Deutschland/Großbritannien 1998. Regie: Kevin Connor. 93 Min. FSK 6/JMK k.A.

Getragen von der Schauspielleistung Geraldine Chaplins beschreibt diese Filmbiographie wichtige Stationen im Leben der Ordensgründerin Mutter Teresa. Die Handlung beginnt im Jahr 1946, in dem die Schulschwester Teresa auf das Leiden der armen Bevölkerung Indiens aufmerksam wird. Widerstrebend geben ihr die kirchlichen Autoritäten die Erlaubnis, in einem Slum das Leben mit den Bedürftigen zu teilen. Ihr weiterer Lebensweg von der Gründung ihres eigenen Ordens bis zum Nobelpreis 1979 wird ebenso dargestellt wie die Konflikte mit der hinduistisch geprägten Gesellschaft.

Dank Chaplins eindringlichem Spiel wird der Film zu einer respektvollen Darstellung der berühmten Ordensfrau und lässt die Schüler an ihrem Wirken Anteil nehmen.

Luther
USA/Großbritannien/Deutschland 2003. Regie: Eric Till. 121 Min. FSK 12/JMK 6: empfehlenswert als Historiendrama ab 10 Jahren.

Ein modernes filmisches Portrait des großen deutschen Reformators. Erzählt wird das Leben und Wirken Luthers, von seinem Unwettererlebnis und dem damit verbundenen Gelübde, seinen theologischen Fragen und der Auseinandersetzung mit dem Ablasshandel bis hin zum Konflikt mit Kirche und Machthabern, den Bauernaufständen, seiner Ehe mit Katharina von Bora und der öffentlichen Verlesung des protestantischen Glaubensbekenntnisses.

Der Film ist um große atmosphärische Authentizität bemüht und genügt zugleich den Anforderungen des modernen Kinos hinsichtlich Spannung und Schnitt. LUTHER ist jedoch keine exakte Biographie, sondern eine möglichst spannend inszenierte Geschichte, die sich zwar auf historische Fakten stützt, sich aber nicht immer genau daran hält. Zur Aufrechterhaltung des Bildes von Luther als Helden werden problematische Aspekte seines Denkens und Handelns geglättet oder ausgeblendet. Dennoch ist der Film eine sehr gelungene Einführung in das revolutionäre Denken und Wirken Luthers in einer Epoche der geistigen und politischen Umwälzungen.

Unterrichtsmaterial der Zentrale für politische Bildung ist zu finden unter http://www.bpb.de/system/files/pdf/43CP0S.pdf.

Leid, Tod und Hoffnung

DAS LEBEN IST SCHÖN
La vita è bella. Italien 1997. Regie: Roberto Benigni. 124 Min. FSK 6/JMK k. A.

Der Anfang des Films zeichnet das Leben des jüdischen Italieners Guido Orefice, seiner Ehefrau Dora und des gemeinsamen Kindes Giosuè. Als mit der Besetzung Norditaliens durch die Nationalsozialisten alle Juden ins Vernichtungslager deportiert werden, bringt es der Vater nicht übers Herz, seinen Sohn mit der grausamen Wahrheit zu konfrontieren und gaukelt ihm vor, dass alles ein großangelegtes Spiel sei. Mit Humor und Fantasie gelingt es Guido bis zuletzt, seinem Sohn das Leben im KZ so angenehm wie möglich zu machen. Kurz vor Kriegsende wird Guido erschossen, während Giosuè schließlich gerettet wird und seine Mutter wieder trifft.

Der Oscar-prämierte Film nähert sich mit den Mitteln des tragisch-komischen der Shoa und es gelingt, dem Grauen der nationalsozialistischen Massenmorde mit Humor zu begegnen, ohne es deshalb zu verharmlosen.

Ute Stauer hat ein ausführliches Filmheft erarbeitet, das unter http://www.erinnern.at/bundeslaender/kaernten/unterrichtsmaterial/copy_of_filme/501_Das%20Leben%20ist%20schon%20-%20Filmheft.pdf verfügbar ist.

WER FRÜHER STIRBT, IST LÄNGER TOT
Deutschland 2006. Regie: Marcus Rosenmüller. 106 Min. FSK 6/JMK 10: empfehlenswert als Dramödie zum Thema Tod und Sterben aus der Sicht eines Kindes ab 12 Jahren.

Der 11-jährige Sebastian lebt mit seinem verwitweten Vater und seinem älteren Bruder Franz in einem oberbayerischen Dorf. Das Leben des lausbübischen Jungen ändert sich, als Franz ihm im Streit die Wahrheit über ihre verstorbene

Mutter erzählt. Diese sei nicht bei einem Unfall, sondern im Kindbett verstorben, und Sebastian trage daher die Schuld an ihrem Tod, welche er im Fegefeuer büßen wird. Da Sebastian auch sonst ein großes Sündenregister aufweist, versucht er aus Angst vor dem feurigen Jenseits unsterblich zu werden, oder zumindest seine Sünden wieder gutzumachen. Im Laufe der amüsanten Handlung begegnet er verschiedenen Facetten des Sterbens und der Liebe.

An der flüssig inszenierten Lausbubengeschichte im bayerischen Dialekt lassen sich verschiedene Aspekte zum Thema Tod (Jenseitsbilder, Erlösung, Suizid, Schuld und Vergebung) besprechen, aber auch Fragen nach Lebenssinn und Glück stellen.

MONSIEUR LAZHAR
Kanada 2011. Regie: Philippe Falardeau. 94 Min. FSK 0/JMK 10: empfehlenswert als Diskussionsfilm ab 12 Jahren. Kinotipp der Katholischen Filmkritik.

In einer Grundschule in Montreal erhängt sich eine junge Lehrerin im Klassenzimmer. Kurz nach ihrem Tod wird der algerische Immigrant Bachir Lazhar als Ersatzlehrer angestellt. Lazhar hat seine Familie bei einem Anschlag in Algerien verloren und sein Aufenthaltsrecht in Kanada ist nach wie vor unklar. Als Lehrer »alter Schule« kommt Lazhar kaum mit der modernen Grundschulpädagogik zurecht, zugleich macht ihn seine eigene familiäre Verlusterfahrung jedoch zur idealen Bezugsperson für die traumatisierten Schulkinder. Lazhar beginnt mit der Klasse, Tod und Verlust der beliebten Lehrerin aufzuarbeiten, Schüler und Lehrer stützen sich dabei gegenseitig im Ertragen ihres Schmerzes. Als schließlich aufgedeckt wird, dass er gar kein ausgebildeter Lehrer ist, muss Monsieur Lazhar die Schule verlassen.

Mit seiner unsentimentalen Erzählweise nähert sich der Film dem Thema »Tod und Trauer« auf unorthodoxe Weise und schafft durch die Schulsituation einen vertrauen Raum, in dem sich Schüler wiederfinden können.

DAS SÜSSE JENSEITS
The Sweet Hereafter. Kanada 1997. Regie: Atom Egoyan. 107 Min. FSK 12/JMK k.A. Kinotipp der Katholischen Filmkritik.

Im kanadischen Ort Sam Dent verunglückt eines Tages der Schulbus. Nur die Busfahrerin Dolores und das älteste Mädchen, Nicole, überleben den Unfall. Von einem Moment auf den anderen hat die Gemeinde den größten Teil ihrer Kinder verloren. Mitten in die kollektive Trauer stößt der Anwalt Mitchell Stephens mit der Frage nach dem Schmerzensgeld. Er erklärt den Hinterbliebenen, er wolle ihrem »Zorn eine Richtung geben« und ihnen gegen die Anwälte des Busunternehmens beistehen, welche nur auf eine größtmögliche Verminderung der Schmerzensgeldforderungen aus seien. Dabei ist Stephens Einsatz von seiner eigenen familiären Tragödie angetrieben. Nur einige Familien lassen sich jedoch von Stephens vertreten, was in der Gemeinde zunehmend für Zwietracht sorgt. Als es zum Verfahren kommt, sagt die seit dem Unfall gelähmte Nicole überraschend aus, das Unglück wäre allein die Schuld der Busfahrerin gewesen, die mit überhöhter Geschwindigkeit gefahren sein soll. Obwohl dies nicht der Wahrheit entspricht, macht Nicole damit alle Schmerzensgeldforderungen an das Busunternehmen zunichte. Die Einwohner der Gemeinde werden so in der Bewältigung ihres Schmerzes auf sich selbst und ihre Gemeinschaft zurückverwiesen.

Der vielfach ausgezeichnete, emotional bewegende Film thematisiert die Frage nach Tod und Trauer auf eindringliche Weise. Die Tragödie des Verlusts der eigenen Kinder wird schmerzhaft und doch ohne Sentimentalität behandelt, als Suche nach der Bewältigbarkeit des größtmöglichen Unglücks.

Oskar und die Dame in Rosa
Oscar et la Dame Rose. Belgien/Frankreich/Kanada 2010. Regie: Éric-Emmanuel Schmitt. 105 Min. FSK 6/JMK 10: empfehlenswert als Literaturverfilmung ab 14 Jahren.

Der 10-jährige Oskar ist todkrank. Seine Eltern sind selbst mit der erschütternden Diagnose überfordert und können ihm kaum Halt geben. Die Aussicht, sterben zu müssen, obwohl er nur kurz gelebt hat, lässt den Jungen zunehmend den Lebensmut verlieren. Da erscheint die spröde Rose, ganz in Rosa gekleidet, um beim Krankenhauspersonal Werbung für ihren Pizzaservice zu machen. Ihre dynamische Art findet bei Oskar viel Anklang, und obwohl sie sich anfangs dagegen sträubt, lässt sich Rose von den Ärzten dazu überreden, etwas Zeit mit dem Jungen zu verbringen. Rose und Oskar machen einen Deal: Es sind nur noch zwölf Tage bis Silvester, und sie beschließen, dass jeder Tag bis zum neuen Jahr symbolisch für ein ganzes Jahrzehnt stehen soll. Fantasie und die Macht der Erzählung verhelfen Oskar zu einer neuen Bejahung des Lebens, die er mit Briefen an Gott begleitet. Nicht die Zeit ist es demnach, die den Dingen Bedeutung verleiht, sondern erst die Dinge, die wir erleben, machen aus unserer Lebenszeit etwas Besonderes.

Die herausragenden Schauspieler tragen einen Film über die Bejahung des Lebens, egal wie lange es währt. Der Film ist eine mutige Auseinandersetzung mit dem Sterben von Kindern und zugleich eine tiefgehende Hommage an die Freude des Lebens.

Menschenwürde, Diskriminierung und aktuelle ethische Fragen

HOTEL RUANDA

Hotel Rwanda. Südafrika 2004. Regie: Terry George. 122 Min. FSK 12/JMK 12:
sehr empfehlenswert als Spieldokumentation (ab 12 Jahren).

Basierend auf der wahren Geschichte des Hotelmanagers Paul Rusesabagina
thematisiert dieser südafrikanische Film den Völkermord in Ruanda im Jahre
1994. Als die Gewalt der Hutu-Milizen gegen die Tutsi-Minderheit im Land
eskaliert, übernimmt Rusesabagina die Leitung eines Vier-Sterne-Hotels, nachdem dessen belgischer Besitzer fluchtartig das Land verlassen hat. Gemeinsam
mit der Rot-Kreuz-Schwester Pat Archer gelingt es ihm, über 1200 Tutsis im
Hotel unterzubringen und vorläufig vor dem Zugriff der Milizen zu bewahren.
Die internationale Staatengemeinschaft kümmert sich indes kaum um das blu-
tige Geschehen, die UN-Soldaten vor Ort sorgen sich nur um die Sicherheit der
westlichen Ausländer und verschlimmern so unabsichtlich die Lage für Ruse-
sabinga und seine Schützlinge. Durch Kontakte nach Europa und mit der Hilfe
des UN-Colonels Oliver gelingt es ihm schließlich doch, die Flüchtlinge vor
dem sicheren Tod zu retten und ihnen die Ausreise aus Ruanda zu ermöglichen.
Rusesabagina und seine Familie werden nach Belgien ausgeflogen.

Das mehrfach preisgekrönte Portrait des »Oskar Schindler von Ruanda«
deutet die verübten Massaker nur an, verschließt sich aber nicht den schreck-
lichen Auswirkungen jener Verbrechen an der Menschlichkeit. Zugleich ist der
Film eine Anklage an das zögerliche Verhalten der internationalen Staatengemeinschaft, die in einem Land ohne strategischen Wert dem Völkermord mit
bis zu einer Million Opfern lange Zeit nur zugesehen hat. So »enthält der Film
für Heranwachsende die ungemein wichtige Botschaft, dass ethnischer Hass
und Vorurteile nur in einer Katastrophe enden können«, und leistet zugleich
»zur politischen und humanitären Bewusstseinsbildung der heranwachsenden
Generation einen enorm wichtigen Beitrag« *(JMK)*.

GATTACA

USA 1997. Regie: Andrew Niccol. 101 Min. FSK 12/JMK k.A.

In naher Zukunft gehören Genanalysen und Präimplantationsdiagnostik zum
gesellschaftlichen Standard. Nur Menschen mit makellosen genetischen Eigenschaften können höhere berufliche Positionen erreichen, weshalb das Geschäft
mit PID und Genmanipulation blüht. Natürlich Gezeugten, sog. »Gotteskin-
dern«, bleiben unabhängig von ihren tatsächlichen Begabungen nur einfache
Berufe. Da Vincent Freeman ein solcher ist, aber unbedingt am Raumfahrtpro-
gramm »Gattaca« teilnehmen will, nimmt er mithilfe des genetisch perfekten,

aber querschnittsgelähmten Spitzensportlers Jerome Morrow dessen (genetische) Identität an. Die Handlung entwickelt sich zu einem Wettstreit zwischen Vincents raffinierten Täuschungen und dem omnipräsenten Zugriff der genetischen Kontrolle und Überwachung, die durch einen Mordfall im Raumfahrtzentrum noch intensiviert wird. Dennoch gelingt es Vincent am Ende, sein Ziel zu erreichen und damit zu beweisen, dass das Leben eines Individuums nicht vollständig durch seine Gene determiniert ist und somit auch jene, die aufgrund ihres genetischen Profils diskriminiert werden, ihren Lebenstraum realisieren können, wenn es die Gesellschaft zulässt.

Der hochgelobte Science-Fiction-Film, der ästhetisch an unsere Gegenwartsgesellschaft angelehnt ist, setzt sich kritisch mit Genmanipulation, der Reduktion des Menschen auf seine genetischen Dispositionen und die damit verbundenen Gefahren gesellschaftlicher Diskriminierung auseinander.

Begleitmaterial zum Film findet sich unter http://schulkinowochebw.files.wordpress.com/2010/12/gattaca_begleitmaterial.pdf.

AMERICAN HISTORY X
USA 1998. Regie: Tony Kaye. 114 Min. FSK 16/JMK k.A.

Der amerikanische Neonazi Derek Vinyard ermordet zwei Afroamerikaner, wird aber nur wegen Totschlags zu drei Jahren Haft verurteilt und so zum Helden der Szene. Sein kleiner Bruder Danny, der ihn verehrt, wächst während dieser Zeit selbst in die Neonazi-Szene hinein, gleichzeitig wird Derek durch seine Erfahrungen im Gefängnis geläutert und schließt mit seiner Vergangenheit ab. Derek macht sich nun Sorgen um seinen Bruder und erklärt ihm in einem langen Gespräch die Gründe für seinen Einstieg und Ausstieg aus der Szene, was durch Rückblenden gezeigt wird. Seine Bemühungen scheinen trotz des sozialen Drucks seiner ehemaligen Freunde zu fruchten, und Danny ist bereit, der Neonazi-Szene den Rücken zu kehren. Am nächsten Morgen wird Danny jedoch von einem afroamerikanischen Mitschüler, den er zu Beginn des Films noch provoziert hatte, auf der Schultoilette erschossen.

Kayes Oscar-nominierte filmische Aufarbeitung des amerikanischen Rassenhasses ist zu einem Klassiker geworden. Auch wenn die ästhetisierende Darstellung der Neonazis immer wieder kritisiert wurde, steht doch Dereks Läuterungsprozess im Vordergrund, der zu einer Anklage gegen jede Form von Rassismus und rassistischer Gewalt wird und durch seine provokante Inszenierung eine tiefere schulische Auseinandersetzung mit der Thematik geradezu erzwingt.

Stephan Buhl legt eine ausführliche Analyse des Films für den Unterrichtseinsatz vor, die unter folgender Adresse abrufbar ist: http://foerdernetz.de/mod/forum/discuss.php?d=897

AMISTAD
USA 1997. Regie: Steven Spielberg. 152 Min. FSK 12/JMK k.A.

1839 meutern 40 Gefangene auf dem Sklavenschiff »La Amistad« gegen die Besatzung und töten alle bis auf zwei Mitglieder, von denen sie fordern, nach Afrika zurückzufahren. Die Rückkehr in die Heimat misslingt jedoch, die »Amistad« wird von einem Schiff der US-Marine gestellt, die Afrikaner werden als herrenloses Eigentum nach Connecticut gebracht. Sowohl die beiden überlebenden Seeleute, die Kommandeure des US-Schiffes als auch die spanische Krone beanspruchen nun das Besitzrecht. Die christliche Abolitionisten-Bewegung, die sich für die Abschaffung der Sklaverei einsetzt, engagiert dagegen den jungen Anwalt Roger Baldwin, um sich für die Freiheit der Gefangenen einzusetzen. Dabei erfährt Baldwin die grausamen Hintergründe ihrer Geschichte und wird mit der Erbarmungslosigkeit des Sklavenhandels konfrontiert. Trotz Intervention des US-Präsidenten, der sich um seine Beziehung zu den sklavenhaltenden Südstaaten sorgt, wird vor Gericht das Widerstandsrecht der Afrikaner anerkannt. Sie werden freigelassen und in ihre Heimat zurückgeführt.

Steven Spielbergs Oscar-nominierter Film beschreibt die Sklaverei als Verbrechen gegen die Menschenwürde. Basierend auf der wahren Begebenheit der Amistad-Prozesse, die ein wichtiger Schritt zur Abschaffung der Sklaverei in den USA waren, gelingt ihm ein Film, der die Bedeutung von Humanismus und Gerechtigkeit aufzeigt. Aufgrund der Länge des Films empfiehlt sich eine Kooperation mit Geschichte oder Englisch zum Thema Sklaverei/Sklavenhandel.

LE HAVRE
Finnland/Frankreich/Deutschland 2011. Regie: Aki Kaurismäki. 93 Min.
FSK 0/JMK 6: sehr empfehlenswert als soziales Märchen zur Migrationsthematik ab 10 Jahren. Kinotipp der Katholischen Filmkritik.

Marcel Marx lebt in der französischen Hafenstadt Le Havre. Seinen Lebenstraum, Schriftsteller zu werden, hat er aufgegeben. Stattdessen schlägt er sich als Schuhputzer durchs Leben, womit er jedoch zufrieden ist: Mit einem kleinen Haus, seiner liebevollen Ehefrau Arletty und der Hündin Laika hat er sein kleines Glück gefunden. Als Arletty schwer erkrankt und Marcel gleichzeitig den afrikanischen Flüchtlingsjungen Idrissa kennenlernt, der vor der Fremdenpolizei davongelaufen ist, ist Marcel zur Initiative herausgefordert. Während er sich um die im Krankenhaus liegende Arletty kümmert, nimmt er Idrissa bei sich auf um ihn vor der Polizei zu schützen. Idrissa erzählt ihm von seinem Schicksal und von seiner Mutter, die nach England gelangt ist. Mithilfe der gesamten Nachbarschaft gelingt es Marcel, Idrissa vor dem Zugriff der Polizei zu bewahren und seine Weiterreise nach London zu organisieren. Auch Arletty wird am Ende wieder gesund.

In seinem geradezu märchenhaften Film stellt sich Kaurismäki dem Schicksal von Flüchtlingskindern in Europa und präsentiert ein leidenschaftliches Plädoyer für Mitmenschlichkeit, Solidarität und Humanismus und lässt am Leben des jungen Idrissa Anteil nehmen.

Kick Off
Österreich 2009. Regie: Hüseyin Tabak. 95 Min. FSK 6/JMK 0: sehr empfehlenswert als Dokumentation/Diskussionsfilm ab 12 Jahren.

Dieser Dokumentarfilm stellt das Leben von Orhan, Serkan und Hansi vor, drei von acht Mitgliedern des österreichischen Fußballteams, das betreut von Ex-Nationalspieler Gilbert Prilasnig 2008 am »Homeless World Cup« in Australien teilnahm. Die drei Männer berichten von ihren Lebensschicksalen, werden bei der Teilnahme an Prilasnigs professioneller Vorbereitung begleitet und erleben schließlich das große Abenteuer Australien, wo der Film vor allem die Gruppendynamik, die durch das gemeinsame Ziel entsteht, einfängt, die den Spielern neuen Lebensmut und neue Perspektiven geben soll.

Der seit 2003 stattfindende »Homeless World Cup« soll Obdachlose bei der Reintegration in die Gesellschaft unterstützen. Durch den fußballerischen Zugang wird vor allem sportbegeisterten Schülern eine niederschwellige Möglichkeit geboten, sich mit dem Lebensschicksal von Obdachlosen auseinanderzusetzen und die Bedeutung von sozialer Integration und Gemeinschaft für ein gelingendes Leben zu verstehen.

Mediamanual.at stellt unter folgender Adresse ein ausführliches Filmheft zur Verfügung: http://www2.mediamanual.at/pdf/filmabc/27_filmabc_KickOff.pdf

1984
Nineteen Eighty-Four. Großbritannien 1984. Regie: Michael Radford. 106 Min. FSK 16/JMK k.A.

Verfilmung des Romans von George Orwell: London gehört in einer dystopischen Zukunftsvision dem Reich Ozeanien an, welches sich mit den anderen Großmächten Eurasien und Ostasien permanent im Krieg befindet. Die Macht geht von der »Partei« aus, die auf absolute Gleichschaltung der Bevölkerung bedacht ist. Dies wird durch permanente Überwachung – den »Big Brother« – ebenso erreicht wie durch ein Monopol auf Informationen. In diesem Kontext arbeitet Winston Smith für das Wahrheitsministerium, welches für eine »korrekte« Informationsweitergabe im Sinne des Regimes zuständig ist. Da ihm jedoch zunehmend Zweifel am System kommen, beginnt er ein Tagebuch zu schreiben und damit selbständige Gedanken zu fassen, und sich mit der gleichgesinnten Julia zu treffen. Die beiden kritischen Zeitgenossen öffnen sich dem

Oppositionellen O'Brien, der sich jedoch als verdeckter »Gedankenpolizist« erweist, der Regimekritikern auf der Spur ist. Durch Folter und Gehirnwäsche gelingt es dem System, Smith wieder auf Parteilinie zu bringen.

Orwells Klassiker ist im Hinblick auf die jüngsten technischen und politischen Entwicklungen von höchster Brisanz und Radford gelang mit dieser Filmversion eine werkgetreue Umsetzung des Buches, die eine Vision des totalitären Überwachungsstaates entfaltet. Die modernen Zugriffe auf die Privatsphäre des Menschen können so gut anhand des Films diskutiert und mit der Frage nach Menschenwürde verbunden werden.

Tintenfischalarm
Österreich 2006. Regie: Elisabeth Scharang. 112 Min. FSK 12/JMK 14: empfehlenswert als Diskussionsfilm ab 16 Jahren.

Elisabeth Scharangs Dokumentarfilm begleitet das Leben des 26-jährigen Alex Jürgen, der mit einem uneindeutigen Geschlecht geboren wurde. Als er zwei Jahre alt ist, entscheiden die Ärzte, ihn operativ zum Mädchen zu »vereindeutigen«, eine Penis- und Hodenamputation folgen. Erst mit zwölf Jahren, mit Beginn der Pubertät, wird »Alexandra« von ihren Eltern mit ihrem Schicksal konfrontiert. Scharang begleitet Alex bei Selbsthilfegruppen und lässt ihn und seine Sichtweisen und Erfahrungen zu Geschlechtlichkeit, Uneindeutigkeit und Sexualität zu Wort kommen Erst 2003 entscheidet Alex, als intersexueller Mann leben zu wollen und lässt seine Brüste amputieren. Trotz dieser Entscheidung verharrt er in einem gewissen Anderssein und einer Unsicherheit über sich selbst.

Der Film stellt sich einem gesellschaftlichen Randthema, das vielen Schülern überhaupt nicht bewusst ist. Sexualität und Identität werden hier auf eine nahegehende Weise in Frage gestellt, was zum Nachdenken anregt.

Unterrichtsmaterial unter http://www.film-kultur.de/glob/kc_2008_tintenfischalarm.pdf.

Fickende Fische
Deutschland 2002. Regie: Almut Getto. 103 Min. FSK 12/JMK k.A.

Der 16-jährige Jan ist nach einer Bluttransfusion HIV-positiv und wird von seinen besorgten Eltern in Watte gepackt. Seine Freundin Nina lebt hingegen in desolaten Verhältnissen. Zwischen den beiden entwickelt sich eine Liebesbeziehung, die es ihnen ermöglicht, aus ihrem familiären Alltag auszubrechen. Jan bringt es jedoch nicht übers Herz, Nina von seiner Infektion zu erzählen und ist aus Angst davor, sie anzustecken, auch nicht zum ersten Sex bereit. Darüber kommt es zum Streit, worauf sich die beiden trennen. Schließlich erfährt Nina doch von Jans Krankheit und hört gleichzeitig von einem Todesfall in dessen

Familie. Im Glauben, Jan sei verstorben, sucht sie das Krematorium auf, wo sie ihn bei der Verabschiedung von seinem verstorbenen Großvater findet. Ihnen wird klar, dass sie sich lieben und trotz aller Schwierigkeiten zusammen sein wollen. Am Ende fahren sie mit einem Auto von einer Brücke. Es bleibt offen, ob sie Selbstmord begehen oder es sich nur um einen eskapistischen Tagtraum handelt.

Almut Gettos von der Kritik hochgelobter Film kreist um die Themengebiete »erste Liebe« und den Umgang mit AIDS und der damit verbundenen Stigmatisierung.

Für die Schule aufbereitetes Arbeitsmaterial findet sich unter http://www.schulkino.de/download/arbeitsmaterial/Fickende_Fische.PDF.

Religionskritik und Atheismus

Das Leben des Brian
Monty Python's Life of Brian. Großbritannien 1979. Regie: Terry Jones. 90 Min. FSK 12/JMK k.A.

Judäa um die Zeitenwende: Brian Cohen wird im Stall neben Jesus geboren. Als Erwachsener wird er Zeuge der Bergpredigt, schließt sich dann aber der zelotischen Widerstandsgruppe »Volksfront von Judäa« (VVJ) an, die gegen die römische Besatzungsmacht agitiert. Ihr Einbruch in den Palast von Pontius Pilatus scheitert, Brian wird gefangengenommen, es gelingt ihm jedoch die Flucht. Um der Aufmerksamkeit der römischen Suchtrupps zu entgehen, stellt er sich neben einigen anderen Endzeitpropheten als Prediger hin. Obwohl er nur zusammenhangslos stottert, schließt sich ihm schnell eine begeisterte Gefolgschaft an, die ihn nach einigen Missverständnissen wider Willen zum Messias erklärt. Am nächsten Morgen ruft er die vor seinem Haus lagernden Menschenmassen erfolglos dazu auf, keinem religiösen Führer zu folgen. Schließlich wird er doch von den römischen Legionären verhaftet und mit vielen anderen Delinquenten zur Kreuzigung verurteilt. Brian ist von allen seinen Weggefährten verlassen worden, sein sinnloses Sterben wird von der VVJ sogar noch als beispielhaftes Martyrium gefeiert. Ein fröhlicher Mitgekreuzigter stimmt am Ende in der Ausweglosigkeit das Lied »Always Look On The Bright Side of Life« an, und alle Verurteilten singen mit.

Monty Pythons wild umstrittener Klassiker ist trotz einiger Anspielungen sowie der verharmlosenden Kreuzigungsszene kein Jesus-Film, sondern in erster Linie eine spottende Kritik an religiösem Dogmatismus und Fanatismus: Wie manche heutige Kirchenvertreter sind die Zuhörer der Bergpredigt so weit von Jesus weg, dass sie ihn nicht mehr verstehen und stattdessen untereinander streiten, Brians ungewollte »Jünger« spalten sich schon nach wenigen

Minuten (!) in zwei Konfessionen und richten kurz darauf den ersten »Ketzer« hin, und in ihrem Verlangen nach Wundern und Zeichen sind sie bereit, alles zu glauben. Mit der richtigen Begleitung, damit die satirischen Inhalte auch so verstanden werden, wird der Film so zu einem höchst vergnüglichen und zugleich lehrreichen Film.

AGORA – DIE SÄULEN DES HIMMELS
Agora. Spanien 2009. Regie: Alejandro Amenábar. 126 Min. FSK 12/JMK 12: annehmbar als Historiendrama ab 14 Jahren.

Ein auf dem Leben der Philosophin Hypatia von Alexandria (†415) basierender, jedoch bewusst nicht immer authentischer Historienfilm: 391 n. Chr. ist Hypatia Dozentin für Philosophie, Mathematik und Astronomie in Alexandrien. In der noch zum Römischen Reich gehörenden Stadt verbreitet sich seit einiger Zeit das Christentum, und die Spannungen von Christen, Juden und Anhängern paganer Kulte nehmen zu. Als es zu gewaltsamen Auseinandersetzungen kommt, stellen die römischen Legionäre die Ordnung zwar wieder her, Hypatia fühlt sich jedoch zunehmend von den Christen bedroht. Auch ihr Schüler Davus schließt sich der christlichen Laienbewegung der Parabolani an, die besonders aggressiv gegen Andersgläubige vorgeht. Einige Jahre später hat sich das Christentum durchgesetzt, heidnische Kulte werden verboten, und nach einem Pogrom verlassen auch sämtliche Juden die Stadt. Der neue Bischof Kyrill greift die nach wie vor sehr prominente Hypatia immer mehr an und bezeichnet sie als Heidin und Hexe. Als die letzten nicht-christlichen Würdenträger der Stadt zur Taufe gedrängt werden sollen, widersetzt sich Hypatia und erklärt, sich allein dem kritischen Denken verpflichtet zu fühlen. So wird sie schließlich von einem aufgebrachten Mob getötet.

Die wenigen historischen Fakten über die legendäre Philosophin, die tatsächlich Opfer christlicher Fanatiker wurde, werden von Amenábar zu einer grundsätzlichen Konfrontation von Philosophie und Religion, Vernunft und Glaube und Freiheit und Zwang weiterentwickelt. Hypatia wird dabei enthistorisiert zur Symbolfigur dieses Konflikts gemacht. Anhand dieser vorbildlichen Frauengestalt werden Fanatismus und Intoleranz angeprangert. Gerade als weibliche Identifikationsfigur ist Hypatia zusätzlich interessant, zugleich muss jedoch vermittelt werden, dass der Film nicht historische Wahrheiten bietet, sondern eine Grundsatzthematik inszenieren will, als deren Diskussionsgrundlage er durchaus interessant ist.

RELIGULOUS
USA 2008. Regie: Larry Charles. 101 Min. FSK 0/JMK 0.

Religulous – ein Wort gebildet aus *religion* und *ridiculous* – versucht die fragwürdigen und lächerlichen Seiten der Religion abzubilden: Der Komödiant Bill Maher bereist dabei die ganze Welt, um Interviews mit Kreationisten, ultraorthodoxen Juden oder muslimischen Fundamentalisten zu führen, lässt aber auch Wissenschaftler und Theologen zu Wort kommen, die den extremen Ansichten widersprechen. Der schnell geschnittene und dadurch etwas hektische Film lebt stark vom Talent Mahers, seine Gesprächspartner zu extremen Aussagen hinzureißen und sie damit zugleich der Lächerlichkeit preiszugeben. Damit hinterlässt der Film einen zwiespältigen Eindruck: Einerseits gelingt es ihm, auf humorvolle Weise die Absurditäten, die Religion eben auch hervorbringt, aufzuzeigen, andererseits bleibt er meist auf einem niedrigen Diskussionsniveau stehen und verfolgt ein klare atheistische Agenda. Es muss im Unterricht gelingen, im Kontext dieses Feuerwerks der Unvernunft zugleich die Möglichkeit eines vernünftigen Verständnisses von Glaube und Religion darzulegen.

Schuld, Sünde, Vergebung

DIE FRAU, DIE SINGT – INCENDIES
Incendies. Kanada 2010. Regie: Denis Villeneuve. 133 Min. FSK 12/JMK 14:
empfehlenswert als Drama ab 16 Jahren.

Die Zwillinge Jeanne und Simon Marwan erhalten mit dem Testament ihrer Mutter Nawal zwei Briefe: Jeanne erhält einen für ihrer beider Vater, den sie nie kennenlernen durften, und Simon einen für einen unbekannten weiteren Sohn ihrer Mutter. Erst wenn diese Briefe überbracht worden sind, soll der Verstorbenen ein Grabstein errichtet werden. Jeanne reist auf der Suche nach den beiden unbekannten Familienmitgliedern in Nawals Heimat Libanon und findet heraus, dass ihre Mutter im libanesischen Bürgerkrieg in den 1970er-Jahren einen Stammesführer erschossen hatte, dafür 15 Jahre im Gefängnis saß und dort von ihrem Folterknecht vergewaltigt wurde.

Jeanne vermutet, dass der verlorene Halbbruder bei dieser Vergewaltigung gezeugt wurde. Daraufhin reisen Simon und der Notar Lebel in den Libanon nach. Auf der Suche nach ihrer Vergangenheit müssen Jeanne und Simon feststellen, dass sie selbst die Kinder sind, die vom Vergewaltiger gezeugt wurden, und dass es ihr Halbbruder war, der als Folterknecht unwissentlich seine eigene Mutter vergewaltigt hatte, die ihn als uneheliches Kind weggeben musste. Der unbekannte Vater und der unbekannte Bruder sind also ein und dieselbe Person. Sie finden ihn und übergeben ihm die Briefe, die letztlich einen versöhnlichen Inhalt haben. Jeanne und Simon kehren zurück und errichten ihrer Mutter den Grabstein.

Die vielfach preisgekrönte und Oscar-nominierte Tragödie, basierend auf Wajdi Mouawads Theaterstück, kreist unerbittlich um die Thematik Schuld, Schicksal und Vergebung angesichts der extremsten Situationen menschlicher Gewalt: Krieg, Folter, Vergewaltigung (welche nicht dargestellt wird).

Nicht unmittelbar zum Film, aber zum Theaterstück gibt es Unterrichtsmaterial unter http://www.muenchner-volkstheater.de/Presse/Schulmaterial/Verbrennungen.pdf.

ADAMS ÄPFEL

Adams æbler. Dänemark 2005. Regie: Anders T. Jensen. 94 Min. FSK 16/JMK k.A. Medientipp-Film des Monats.

Der Landpfarrer Ivan Fjelsted ist voll unerschütterlichem Glauben an das Gute im Menschen und scheint für das Böse in der Welt blind zu sein. Getragen von seinem optimistischen Weltbild versucht er, Straftäter zu resozialisieren. Als der verurteilte Neonazi Adam Pedersen in seine Pfarrei geschickt wird, ist dieser vom »Gutmenschentum« Ivans angewidert und will den Glauben des Gottesmannes brechen, ist jedoch zugleich von ihm fasziniert. Durch Nachforschungen findet er heraus, dass Ivans Leben eine Aneinanderreihung von Tragödien und Schicksalsschlägen ist, die dieser verdrängt und als Versuchungen des Teufels ansieht, die er mit Gottes Hilfe überstehen muss. Adam vergleicht daraufhin Ivans Leben mit der Hiob-Erzählung, worauf dieser seinen Glauben an die Güte Gottes verliert und sich zurückzieht. Adam triumphiert, bemerkt jedoch bald den fehlenden positiven Einfluss Ivans auf die anderen Straftäter, die ohne dessen Führung schnell wieder rückfällig werden. Adam bereut und schließt sich nach einem Wunder am Ende Ivan als Assistent im Resozialisierungsprogramm an.

Die makabre Groteske von »Adam und Ivan« ist von unzähligen biblischen Verweisen geprägt und thematisiert mit besonderem Hinweis auf das Buch Hiob die Fragen nach der Theodizee, dem Rätsel des Bösen und dem Schuldigwerden, wobei einseitige Welt- und Gottesbilder hinterfragt werden. Während Ivan das Gute will, jedoch Katastrophen erschafft, kann Adam das Gute, das er nicht will, dennoch nicht verhindern.

Das Katholische Filmwerk bietet unter http://www.materialserver.filmwerk.de/arbeitshilfen/adamsaepfel_ah.pdf eine Arbeitshilfe für den Unterricht an.

DIE JAGD
Jagten. Dänemark 2012. Regie: Thomas Vinterberg. 111 Min. FSK 12/JMK k.A.
Medientipp-Film des Monats.

Der geschiedene Kindergärtner Lucas wird besonders von der fünfjährigen
Klara, deren Eltern ständig Streit haben, angehimmelt und ist für sie zu einer
Vaterfigur geworden. Als sie ihm im Kindergarten einen Kuss auf den Mund
gibt, weist er sie zurecht. Von der Kindergartenleiterin Grethe später nach ihrer
schlechten Laune gefragt, gibt Klara an, Lucas zu hassen und spricht von einem
»Pimmel, der aufrecht hoch steht«. Ein solches Bild im Besitz ihres älteren Bru-
ders hatte Klara einige Tage zuvor gesehen. Da Klara auf die Nachfragen nach
einem sexuellen Übergriff nickt, schickt die entsetzte Grethe Lucas nach Hause
und informiert die Eltern der anderen Kinder sowie Lucas' Ex-Frau. Auch die
Eltern der anderen Kinder melden nun »Hinweise« auf sexuelle Übergriffe
durch Lucas. Dieser wird von der Polizei abgeführt, nachdem aber Klara sich
plötzlich an nichts mehr erinnern kann und die anderen Kinder nachweisbar
falsche Angaben gemacht haben, wird von einem Strafverfahren abgesehen. Im
Ort sind jedoch viele weiter von Lucas' Schuld überzeugt, stoßen ihn aus der
Gemeinschaft aus und machen ihm das Leben zur Hölle. Erst als Klaras Vater
Theo noch einmal mit ihr spricht, gesteht diese ihre Lüge und stellt klar, dass es
niemals zu einem Übergriff gekommen ist. Langsam wird Lucas wieder in das
Dorfleben integriert, als ihn einige Zeit später bei der Jagd ein Schuss knapp
verfehlt, wird ihm jedoch klar, dass sein Stigma immer noch da ist.

Der in Cannes prämierte Film zeigt ein verunsicherndes Bild einer Gesellschaft, in der falsche Anschuldigungen zum sozialen Tod eines Menschen führen
können. In einem von Angst und Misstrauen geprägten Klima wird im Zweifel
für die Schuld des Angeklagten entschieden. Eine spannende moderne Hexen-
jagd, die Schuld durch Anschuldigung vor Augen führt und entsprechende
Gruppendynamiken aufzeigt.

SIEBEN
Seven. USA 1997. Regie: David Fincher. 127 Min. FSK 16/JMK k.A.

Der kurz vor der Pensionierung stehende Polizist William Somerset und sein
junger Nachfolger David Mills werden mit zwei mysteriösen ritualisierten Morden konfrontiert. Als sie an den Tatorten die Worte »Maßlosigkeit« bzw. »Hab-
gier« geschrieben finden, scheint sich ein Muster nahezulegen: Der Mörder
begeht seine Taten als sinnbildliche Inszenierungen der sieben Todsünden und
tritt dabei als Bestrafer auf. Akribisch begeben sich die beiden Ermittler auf die
Spuren des Täters und der Geschichte der Todsünden, können den Mörder vor-
erst jedoch nicht ausfindig machen, sodass die Tatorte »Trägheit«, »Wollust«

und »Hochmut« folgen. Schließlich stellt sich der Täter namens »John Doe«, der die Gesellschaft mit seinen inszenierten Morden auf ihre Sündhaftigkeit hinweisen will, den Polizisten. Er führt sie zu seinem letzten Mordopfer: Mills' schwangerer Ehefrau. »John Doe« gibt an, Mills gegenüber Neid empfunden zu haben, worauf dieser den Mörder aus Zorn erschießt. Damit wird »John Doe«, der sich des Neides schuldig machte, selbst das Opfer des Zornes. Mills wird festgenommen. Der Film schließt mit einem Monolog Somersets: »Ernest Hemingway hat mal geschrieben: ›Die Welt ist so schön und wert, dass man um sie kämpft.‹ Dem zweiten Teil stimme ich zu.«

Ein nicht sehr tiefgehender, jedoch aufgrund seiner spannenden Inszenierung und der Thematik der »Todsünden« bei Schülern sehr beliebter Film. Daher eignet sich das Werk nicht unbedingt als Vertiefung des Themas Schuld/Sünde, bietet jedoch einen guten Ausgangspunkt, um Konzept, parallele Tugenden, Kunstdarstellungen, Symbolik und Theologie der sieben Todsünden und den gesellschaftlichen Umgang mit Sündhaftigkeit aufzuarbeiten und dabei auf den Film Bezug zu nehmen.

Einige Ideen und Hinweise für den Unterricht finden sich unter http://wiki.rpi-virtuell.net/index.php/5.Film:_Seven.

Bad Lieutenant
USA 1992. Regie: Abel Ferrara. 96 Min. FSK 16/JMK k.A.

Ein namenloser Polizist, genannt »Bad Lieutenant«, lebt in einer der schäbigsten Gegenden New Yorks und ist gänzlich seiner Drogen- und Spielsucht verfallen. Belastet von Spielschulden sieht er seine letzte Chance darin, den Fall einer vergewaltigten Nonne aufzuklären, für den die Katholische Kirche eine Belohnung von 50.000 Dollar ausgesetzt hat. Während er dem Fall nachgeht, beginnt er über seinen Lebenswandel nachzudenken und stellt sich in diesem religiösen Kontext immer mehr die Frage nach Gott und Vergebung, da auch die Nonne bereit zu sein scheint, ihren Peinigern zu verzeihen. Es kommt zum Moment der Reue, mit einem Monolog, in dem der Sünder mit dem vor seinen Augen erscheinenden Jesus spricht. Er bittet um Erlösung und Christus vergibt ihm. Am Ende wird er von einem Auftragsmörder der Wettmafia getötet, jedoch im Wissen um sein Erlöstsein.

Abel Ferraras Charakterstudie bedient sich einer harten Filmsprache und ist dementsprechend erst ab 16 Jahren freigegeben. Zugleich entwickelt der Film jedoch eine immer stärkere spirituelle Dimension, die sich als befreiender Gegenpol zu einer Welt aus Sünde und Schuld herausstellt, und fragt so nach der Erlösungsbedürftigkeit des Menschen.

Sekten/Neureligiöse Bewegungen

DELPHINSOMMER
Deutschland 2004. Regie: Jobst Oetzmann. 85 Min. FSK 12/JMK k.A.

Durch ihren Stiefvater gerät die 16-jährige Nathalie mit ihrer Mutter in die Religionsgemeinschaft der »Kirche des Herrn«. Die Kirche greift durch Verbote und Beschränkungen immer mehr in das Leben der Schülerin ein. Während sie sich so von ihren Klassenkameraden zunehmend entfremdet, freundet sie sich mit Sibille an, die gegen die Bevormundung durch die Kirchengemeinschaft rebelliert. Sibilles Ausstiegspläne werden jedoch enttarnt, sie begeht aus Verzweiflung Selbstmord. Nathalies Stiefvater gibt dieser daraufhin die Schuld am Tod der jungen Frau, da sie von deren Ausbruchsplänen gewusst, aber der Kirchenführung nichts verraten hatte. Als Nathalie deswegen geschlagen und misshandelt wird, verhilft ihr die eigene Mutter zur Flucht aus der Religionsgemeinschaft. Sie kehrt zu ihrem leiblichen Vater zurück.

Basierend auf den Erzählungen ehemaliger Sektenmitglieder thematisiert der Film die Spannung zwischen sozialer Kontrolle und jugendlicher Identitätsfindung und zeigt die Gefahr, die von Sekten und radikalen religiösen Gruppen ausgeht.

BIS NICHTS MEHR BLEIBT
Deutschland 2010. Regie: Niki Stein. 89 Min. FSK 12/JMK k.A.

Architekturstudent Frank Reiners kommt in einer krisenhaften Lebensphase in Kontakt mit Scientology. Angespornt von Anfangserfolgen gelangt er zu einem größeren Selbstbewusstsein und kann auch seine Freundin Gine, mit der er eine kleine Tochter hat, für Scientology begeistern. Während sich Gine immer mehr in die Lehren des Scientology-Gründers L. Ron Hubbards vertieft, wird Frank zunehmend skeptisch, entfremdet sich von ihr und den Prinzipien der Bewegung und steigt schließlich aus. Unterstützt von der Anwältin Ursula Friedrich versucht er, das Sorgerecht für seine Tochter zu erlangen, welches ihm jedoch vom Gericht verwehrt wird. Er hat zwar seine Freiheit wieder gewonnen, dafür aber alles verloren.

Der deutsche Fernsehfilm basiert lose auf Aussagen ehemaliger Scientologen. Er zeigt, unter welchen Umständen Menschen in Sekten geraten können und dabei ihre Freiheit opfern, und bietet zudem einen guten Einblick in die Methoden, mit denen Scientology operiert.

Sterbehilfe

✳ DAS MEER IN MIR
Mar adentro. Frankreich/Italien/Spanien 2004. Regie: Alejandro Amenábar.
125 Min. FSK 12/JMK 14: sehr empfehlenswert als Diskussionsfilm ab 14 Jahren.

Der spanische Seefahrer Ramón Sanpedro ist seit einem Badeunfall vom Hals
abwärts gelähmt. Seit damals betrachtet er sein Leben nicht mehr als lebens-
wert und äußert den Wunsch, »in Würde« zu sterben. Weder in seiner Familie
noch bei Staat und Kirche stößt er jedoch auf offene Ohren. Anspruch findet
dagegen er bei der Anwältin Julia, die selbst an einer Erberkrankung leidet und
daher für das Thema offen ist, sowie bei der Vereinigung »Würdevoll sterben«.
Ramón freundet sich auch mit der Arbeiterin Rosa an, die er ebenfalls darum
bittet, ihm aktive Sterbehilfe zu leisten, was diese aber ablehnt. Einen ange-
strengten Prozess zur Legalisierung von Sterbehilfe verliert er und wird dabei
vor Gericht nicht einmal angehört. Schließlich ist es doch Rosa, die ihm gemeinsam mit anderen Freunden eine Dosis Zyankali bereitstellt. Ramón nimmt das
Gift und hält die Situation auf Kamera fest, wobei er die Ausweglosigkeit seiner
Situation erklärt und am Ende stirbt.

Der Oscar-prämierte Film setzt sich differenziert und bewegend mit dem
Thema Sterbehilfe auseinander und beleuchtet verschiedene Facetten dieser
schwierigen moralischen Frage. Basierend auf einer wahren Geschichte, die in
Spanien für große Diskussionen sorgte, ergreift der Film zwar Partei für Ramóns
Wunsch, stellt aber auch Gegenpositionen ausführlich und respektvoll dar und
wird von Javier Bardems eindringlichem Schauspiel gekrönt.

Eine ausführliche schulische Arbeitshilfe des Katholischen Filmwerks findet sich hier: http://www.materialserver.filmwerk.de/arbeitshilfen/dasmeerin-
mir_ah.pdf

MILLION DOLLAR BABY
USA 2004. Regie: Clint Eastwood. 127 Min. FSK 12/JMK 12: empfehlenswert als
sensibles Sportlerdrama ab 14 Jahren.

Der Boxtrainer Frankie Dunn kümmert sich zwar sehr verantwortungsvoll um
seine Schützlinge, wird jedoch von seinem besten Schüler verlassen. Sein Seelen-
leben ist von großen Schuldgefühlen geprägt, die ihn veranlassen, regelmäßig in
die Kirche zu gehen und mit dem Pfarrer theologische Streitgespräche zu führen.
Als die 31-jährige Maggie, eine Kellnerin aus ärmlichen Verhältnissen, auftaucht
und von ihm ausgebildet werden will, weist er sie auf Grund ihres Geschlechts
und ihres Alters zurück. Von ihrem großen Willen beeindruckt lässt sich Frankie
schließlich doch darauf ein. Maggie findet in Frankie eine Vaterfigur, der wie-

derum entwickelt zu Maggie eine väterliche Zuneigung, während seine eigene Tochter aus unbekannten Gründen jeden Kontakt mit ihm verweigert. Maggie entwickelt sich zur erfolgreichen Boxerin, wird aber bei einem Kampf schwer verletzt. Sie bittet Frankie, die Lebenserhaltungssysteme abzuschalten, der aber ablehnt. Nach einem Selbstmordversuch erkennt Frankie jedoch Maggies Leid, stellt ihre Geräte ab und injiziert ihr eine Überdosis Adrenalin.

Vordergründig ein Sportfilm, entwickelt sich die Handlung zu einer Auseinandersetzung mit dem Bedürfnis nach menschlichen Beziehungen und schließlich mit dem Thema Sterbehilfe. Dabei geraten Frankies religiöse Überzeugungen mit seinem Mitleidsempfinden in Konflikt.

LIEBE
Amour. Frankreich/Deutschland/Österreich 2012. Regie: Michael Haneke.
127 Min. FSK 12/JMK 12: empfehlenswert als Drama ab 16 Jahren.
Kinotipp der Katholischen Filmkritik.

Nachdem die Nachbarn eines älteren Ehepaars dieses verdächtig lange nicht mehr gesehen haben, alarmieren sie Feuerwehr und Polizei. Diese dringen in das Haus ein und finden den mit Blumen geschmückten Leichnam der Frau, von ihrem Mann fehlt jede Spur. In einer Rückblende wird das Ehepaar, Georges und Anne, vorgestellt, das ein gutbürgerliches und glückliches Leben führt. Eines Tages erleidet Anne einen Schlaganfall, die Behandlung misslingt und sie ist nunmehr an den Rollstuhl gefesselt. Zuerst alleine, später mit der Hilfe von Pflegerinnen kümmert sich Georges liebevoll um Anne, die jedoch über ihren Zustand unglücklich ist und Suizidgedanken hegt. Als sich Annes Zustand immer mehr verschlimmert, stößt Georges an seine Grenzen. Er erstickt sie mit einem Kopfkissen, dekoriert das Bett mit Blumen, versiegelt das Zimmer und verlässt die Wohnung.

In Erinnerung an den Selbstmord seiner 90-jährigen Tante wagt sich Michael Haneke an die Frage, wie man mit dem Leiden eines geliebten Menschen umgeht. Da es dem Paar materiell an nichts fehlt, rückt allein die menschliche Tragödie in den Mittelpunkt. Inszeniert im Stil eines Kammerspiels, das fast ausschließlich in der Wohnung stattfindet, ist dieser sehr anspruchsvolle und Oscar-prämierte Film für ältere Schüler eine Auseinandersetzung mit der Einsamkeit des Alters, mit Leid, Todeswunsch und Sterbehilfe und der Unausweichlichkeit des Sterbens.

Teufel und Exorzismus

IM AUFTRAG DES TEUFELS
The Devil's Advocate. USA 1997. Regie: Taylor Hackford. 138 Min. FSK 16/JMK k.A.

Der junge Anwalt Kevin Lomax gilt aufgrund seiner Prozesserfolge als aufstrebender »Star« seiner Zunft. Nach einem spektakulären Gerichtsverfahren, in dem er gegen jede Wahrscheinlichkeit einen Freispruch für seinen Mandanten erwirkt, wird er von der großen Kanzlei des Anwalts John Milton nach New York geholt und steigt so auch finanziell in höhere Sphären auf. Die neue Situation belastet Lomax' Ehe jedoch zunehmend, und auch in der Kanzlei scheint nicht alles mit rechten Dingen zuzugehen. Als er von Milton mit einem großen Fall betraut wird, vernachlässigt Lomax seine Ehe noch mehr, die Spannungen münden in den Selbstmord seiner Frau Mary Ann. Im Zuge dieser Entwicklungen bemerkt Lomax immer mehr seltsame Züge an seinem Chef und entdeckt, dass dieser weltweit in Waffen- und Drogengeschäfte involviert ist. Von seiner Mutter erfährt er schließlich, dass John Milton der Teufel und zugleich sein Vater ist, was Milton dem entsetzten Lomax auch bestätigt. Er hat ihn ausersehen, mit seiner Halbschwester Christabella, einer Mitarbeiterin der Kanzlei, den Antichrist zu zeugen. Lomax widersteht jedoch der Versuchung und begeht Selbstmord. Daraufhin wechselt die Handlung wieder zurück an den Anfang: Lomax will seine zweite Chance nutzen und gibt den Fall, der ihn zu Miltons Kanzlei bringen würde, ab. Milton taucht am Ende jedoch wieder auf, diesmal in Gestalt eines Reporters, und beginnt eine erneute Attacke auf Lomax.

Obwohl Regisseur Taylor Hackford nicht davor zurückschreckt, einige Klischees zu bedienen, unterscheidet sich der Film doch von anderen effektheischenden Darstellungen des Teufels, indem das Verhältnis von Versuchung, Macht und ethischer Grenzüberschreitung thematisiert wird: Lomax handelt zwischen beruflichem Ehrgeiz und moralischen Gewissensbissen, und lässt sich trotz dieser von seinem charismatischen Chef immer mehr korrumpieren. Hier lässt sich diskutieren, was Menschen in Versuchung führen kann, das Böse zu tun. Miltons Anklage gegen die sündhafte Natur des gierigen und egoistischen Menschen ist ebenso bemerkenswert und stellt die Frage, ob das »Trachten des Menschen böse von Jugend an« (Gen 8,21) ist.

DER EXORZIST

The Exorcist. USA 1973. Regie: William Friedkin. 122 Min. FSK 16/JMK k.A.

Die 12-jährige Regan zeigt zunehmend merkwürdige Verhaltensweisen. Ihre alleinerziehende Mutter, die Schauspielerin Chris MacNeil, wendet sich an Mediziner und Psychiater, die jedoch keine Erklärung für den immer schlimmer werdenden Zustand des Mädchens finden. Zufällig lernt Chris den Jesuitenpater und Psychiater Damien Karras kennen, der von Glaubenszweifeln geplagt wird. Angeregt von einem Vorschlag der Psychiatriegruppe fragt die verzweifelte Chris Pater Karras nach der Möglichkeit eines Exorzismus. Dieser weigert sich zunächst, das in seinen Augen mittelalterliche Ritual in Betracht zu ziehen, kommt jedoch nach einigen Untersuchungen zur Überzeugung, dass Regan tatsächlich von einem Dämon besessen ist. Bischof Michael erlaubt Karras die Durchführung des Exorzismus, jedoch nur unter Anleitung seines erfahrenen Ordensbruders Lancaster Merrin. Die beiden Patres nehmen den Kampf gegen die teuflische Macht auf und bezwingen das Böse, beide müssen dabei aber ihr Leben lassen.

Der klassische, Oscar-prämierte »Horrorschocker« hat durch die Weiterentwicklung der Film- und Tricktechnik viel von seiner ursprünglichen Wirkung eingebüßt, weiß jedoch nach wie vor in vielen Szenen zu fesseln. Bemerkenswert ist vor allem die Darstellung des Teufels, die viele historische Elemente der christlichen Vorstellungen verdichtet: Wüste und Nacht, Obszönität, Lüge, der Angriff auf ein Kind als Sinnbild der Unschuld, furchterregende Erscheinung uvm. Die Darstellung der Patres und der Religion ist insgesamt sehr positiv, diese erscheint als letzte Zuflucht in einer Situation, in der Medizin und Wissenschaft nicht mehr weiter wissen. Mit einer entsprechenden Begleitung ein Film, der durchaus lohnend in der Aufbereitung von klassischen Vorstellungen vom Bösen ist und ein geradezu heldenhaftes Priesterbild vermittelt.

THE RITE – DAS RITUAL
The Rite. USA 2011. Regie: Mikael Hafström. 114 Min. FSK 16/JMK 14.
Um studieren zu können, hat sich der junge Michael Kavlak in einem Priesterseminar eingeschrieben. Kurz vor seinem Gelübde gibt er der Leitung gegenüber zu, schwere Glaubenszweifel zu hegen und daher nicht für das Priesteramt geeignet zu sein. Als Reaktion wird er nach Rom entsandt, um dort beim erfahrenen Exorzisten Pater Lucas ein Exorzismusseminar zu besuchen. Von diesem unter die Fittiche genommen, führt er gemeinsam mit seinem Lehrer mehrere Exorzismen durch, darunter auch bei einem 16-jährigen schwangeren Mädchen. Als sich der Teufel schließlich Pater Lucas selbst bemächtigt, kommt es zwischen dem Besessenen und Michael zu einem Kampf um ihr Schicksal. Michael gelingt es jedoch, den Kampf mit dem Bösen und zugleich den mit sich selbst um die Wahrheit des Glaubens zu gewinnen, er treibt den Teufel aus und wird schließlich Priester.

THE RITE verbindet das Thema »Teufel und Exorzismus« mit der Erzählung über die spirituelle Entwicklung eines jungen Mannes, der von Glaubenszweifeln geplagt ist. Frei von einer rein effektheischenden Inszenierung des Bösen versucht sich Regisseur Hafström an einer durchaus genauen Annäherung an das schwierige Thema. Durch die Entwicklungserzählung des jungen Priesteramtskandidaten, der durch Erfahrungen von Zweifel zum Glauben findet, hat der Film auch eine moralische Komponente.

Requiem
Deutschland 2006. Regie: Hans-Christian Schmid. 93 Min. FSK 12/JMK k.A.
Kinotipp der Katholischen Filmkritik.

Deutschland Mitte der 1970er-Jahre: Die 21-jährige Michaela Klingler stammt aus einem streng katholischen Elternhaus und ist hin- und hergerissen zwischen ihrer traditionellen Herkunft und den neuen Freiheiten des Studentenlebens. Zudem leidet sie seit der Pubertät an epileptischen Anfällen. Als diese nach längerer Zeit wieder auftreten, glaubt sie, während ihrer Anfälle Teufelsfratzen zu sehen und vertraut sich ihrem Pfarrer an. Dieser weist ihre Erzählungen zwar als Hirngespinst ab, wird aber schließlich doch neugierig und geht gemeinsam mit dem jungen Priester Bochert der Sache nach. Michaela selbst ist zunehmend überzeugt, besessen zu sein und steigert sich im Zuge des Studiums in einen Arbeitsrausch, der in einem psychischen Zusammenbruch endet. Nunmehr völlig von der tatsächlichen Besessenheit überzeugt, beginnen die beiden Priester bei ihr einen Exorzismus durchzuführen. Nachdem eine erste Sitzung gezeigt wird, bricht der Film ab und endet mit einem Texthinweis, dass Michaela nach einigen weiteren Sitzungen an Entkräftung gestorben ist.

Schmids mehrfach ausgezeichneter Film basiert auf der wahren Geschichte des Exorzismus von Anneliese Michel, die 1976 im bayerischen Klingenberg nach einem von zwei Priestern durchgeführten Exorzismus starb. Im Unterschied zu anderen Filmen über Exorzismus wird hier nicht die spektakuläre Inszenierung des Bösen gesucht, sondern das persönliche Schicksal einer jungen Frau zwischen Glaube, Tradition, Freiheit und Moderne beleuchtet.

Unter http://www.bpb.de/system/files/pdf/CZUVTZ.pdf ist ein ausführliches und informatives Filmheft zu Gestaltung und Hintergründen von Requiem abrufbar.

Todesstrafe

Dead Man Walking – Sein letzter Gang
Dead Man Walking. USA 1995. Regie: Tim Robbins. 122 Min. FSK 12./JMK k.A.

Matthew Poncelet sitzt wegen Mordes und Vergewaltigung seit sechs Jahren in der Todeszelle. Er beteuert jedoch weiter seine Unschuld und bittet die Nonne Helen Prejean, im Angesicht des baldigen Hinrichtungstermins eine Neuauflage der gerichtlichen Untersuchung zu erwirken. Sr. Helen ist vom arroganten und rassistischen Auftreten Poncelets abgestoßen, zugleich aber von seinem Charisma fasziniert. Sie bemüht sich nun darum, dass die Todesstrafe in lebenslange Haft umgewandelt wird. Bei ihren Anstrengungen lernt sie auch die Eltern der Opfer kennen, die schwer am Verlust ihrer Kinder zu tragen haben und ihren

Einsatz für Poncelet verurteilen. Zugleich wird Sr. Helen auch mit dem Leid der
Familie des Delinquenten konfrontiert. Ihre Bemühungen scheitern letztlich,
und Poncelet muss seinen letzten Gang antreten. Erst unmittelbar vor seiner
Abführung bekennt er sich schließlich doch zu seiner Tat und bittet die Angehörigen der Opfer im Angesicht des Todes um Vergebung.

Das besondere an diesem Film ist, dass er nicht klar pro oder contra Todesstrafe argumentiert, sondern die verschiedenen Dimensionen von Leid, Rache,
Gerechtigkeit, Vergebung und Reue beleuchtet. So sehr sich Helen gegen die
Todesstrafe einsetzt, so gelangt Poncelet doch erst im Angesicht seiner Hinrich-
tung zu Reue und Einsicht. Als filmische Diskussionsgrundlage für die Schule
perfekt, da sowohl tiefgehend als auch spannend inszeniert.

Ein kurzer Film über das Töten
Krótki film o zabijaniu. Polen 1988. Regie: Krzysztof Kieslowski. 82. Min.
FSK 16/JMK k.A. Kinotipp der Katholischen Filmkritik.

Warschau: Ein junger Mann steigt in ein Taxi und lässt sich vom mürrischen
Lenker in ein abgelegenes Gebiet bringen. Dort bringt er ihn völlig grundlos
und erst nach langer und harter Gegenwehr mithilfe einer festen Schnur und
eines Steins um. Zurück in der Stadt, wird er von der Polizei festgenommen.
Der zweite Teil des Films beginnt mit der Veurteilung des Mörders zur Todesstrafe. Der junge und humanistisch gesinnte Anwalt Piotr Balicki kämpft gegen
das Urteil an, doch er kann seinen Mandaten, der sich ihm erst nach dem Urteil
wirklich anvertraut, nicht retten. So nimmt der zweite, diesmal legale Tötungs-
akt seinen Lauf, der wiederum mühevoll und mit langer Gegenwehr des Opfers
vollzogen wird.

Dieser hochgelobte Filmklassiker gewinnt seine Brisanz aus der Gegenüberstellung des illegalen und legalen Tötungsaktes. Die schonungslose Direktheit
und Präzision der Gewaltdarstellungen machen den Film jedoch zu einer schulischen Gratwanderung, der sicher nicht allen Klassen zumutbar ist, auch wenn
er von der deutschen Bundeszentrale für politische Bildung in den Filmkanon
für die Arbeit an Schulen aufgenommen wurde. In diesem »Film gegen das
Töten« (Kieslowski) wird die Frage nach Menschenwürde eindringlich gestellt
und zugleich in erbarmungsloser Härte gezeigt, was Menschen einander anzu-
tun im Stande sind.

Wirtschafts- und Medienethik

THERE WILL BE BLOOD
**USA 2007. Regie: Paul T. Anderson. 158 Min. FSK 12/JMK 14: empfehlenswert als
sozialkritische Charakterstudie ab 14 Jahren.**

Anfang des 20. Jahrhunderts hat sich Daniel Plainview im US-amerikanischen
Ölgeschäft einen Namen gemacht. Es gelingt ihm immer wieder erfolgreich,
Land, unter dem er Ölquellen vermutet, billig aufzukaufen, wobei er sich den
ahnungslosen Grundbesitzen gegenüber als liebenswerter Familienmensch
inszeniert. Im kleinen Ort Little Boston stellt sich ihm jedoch der evangeli-
kale Prediger Eli Sunday entgegen, der sich finanzielle Zuwendungen für seine
Gemeinde erhofft. Zwischen dem knallharten Geschäftsmann und dem über-
zeugten Gottesmann kommt es zu heftigen Konflikten und gegenseitigen Demütigungen, wobei Plainview für seinen geschäftlichen Erfolg auch über Leichen
geht. Viele Jahre später lebt Plainview vereinsamt in einem großen Anwesen,
während Sunday sein ganzes Vermögen an der Börse verloren hat. Als sich die
beiden wieder treffen, leben die alten Hassgefühle auf und Plainview erschlägt
den Prediger.

   Der Oscar-prämierte und von der Kritik hochgelobte Film thematisiert die
Gier der frühen Kapitalisten, die trotz erlangtem Reichtum nach immer noch
mehr Gewinn strebten. Plainview erringt dabei seinen wirtschaftlichen Erfolg
nur auf Kosten des Zusammenbruchs seiner sozialen Beziehungen. Aber auch
der Prediger in diesem scheinbaren Konflikt von Materialismus und Spiritualität ist eine ambivalente Gestalt. Mit Kapitalismus, Öl und evangelikalem Christentum kreist der z. T. etwas langsam geschnittene und sicher anspruchsvolle
Film um drei Grundpfeiler der amerikanischen Geschichte, sodass sich auch
aufgrund der Länge von über zweieinhalb Stunden eine Kooperation mit dem
Englischunterricht nahelegt.

THANK YOU FOR SMOKING
**USA 2005. Regie: Jason Reitman. 92 Min. FSK 6/JMK 12: empfehlenswert als
Satire ab 12 Jahren.**

Nick Taylor ist der gewiefteste unter den vielen Lobbyisten, die von der amerikanischen Tabakindustrie zur Verhinderung weiterer gesetzlicher Beschränkungen bezahlt werden. Zu seinen besten Freunden gehören zwei Lobbyisten
der Alkohol- und Waffenindustrie, die sich ebenfalls mit ihren Erfolgen brüsten
und darüber streiten, wer mehr Menschenleben auf dem Gewissen hat. Nachdem er sich auch erfolgreich mit dem Senator Ortolan Finistirre anlegt, der eine
Anti-Raucher-Kampagne führt, wird Taylor von Unbekannten entführt, die

seinen ganzen Körper mit Nikotinpflastern vollkleben. Nach dieser Überdosis reagiert er hypersensibel auf Nikotin und muss das Rauchen aufgeben. Als ihn die Journalistin Heather Holloway verführt und ihm so geheime Informationen entlockt, wird er öffentlich bloßgestellt und verliert seinen Job. Durch seine überragenden rhetorischen Fähigkeiten gelingt es ihm jedoch, die Situation zu wenden. Als ihn die Tabakindustrie wieder einstellen will, lehnt er dankend ab. Stattdessen berät er nun Unternehmen, wie sie ihre Geschäftsinteressen durch geschickte Kommunikation und PR möglichst effizient durchsetzen können.

Diese brillante Satire auf Wirtschaft, Boulevard und Politik schafft einen Spagat zwischen anspruchsvollem und Mainstream-Kino. Mit schwarzem Humor wird die Verlogenheit des modernen Lobbyismus karikiert, der für seine Geschäftsinteressen auf jegliche Ethik verzichtet.

We Feed the World
Österreich 2005. Regie: Erwin Wagenhofer. 95 Min. FSK 6/JMK 6: empfehlenswert als Diskussionsfilm ab 10 Jahren.

Der österreichische Dokumentarfilm wirft ein kritisches Auge auf die zunehmende Industrialisierung und Massenproduktion bei der Herstellung von Nahrungsmitteln. Aufgrund der ständigen Lebensmittelskandale immer wieder aktuell, vermittelt der Film einen Einblick in eine Industrie, die immer noch von einem verbreiteten Bild vom klassischen Bauernhof verdeckt wird. An verschiedenen weltweiten Schauplätzen zeigt Wagenhofer die industrielle Produktion von Brot und Tomaten, die Überfischung und Massentierhaltung und -schlachtung sowie deren Auswirkungen auf die Umwelt und die Qualität der »Lebens«mittel. Auch Gentechnik und Transportwirtschaft kommen zur Sprache. Der Film schließt mit einem Interview mit dem Nestlé-Spitzenmanager Peter Brabeck-Letmathe, der für die Privatisierung und kommerzielle Nutzung von Wasser eintritt.

Wagenhofer mischt Interviews und Redebeiträge mit Schauplatzberichten und vermittelt damit sowohl Information als auch emotionale Teilhabe. Ausgezeichnet mit dem »Human Rights Award« von Amnesty International zeigt die Dokumentation die Absurditäten eines Wirtschaftssystems, das von der Ahnungslosigkeit und der Gleichgültigkeit der Konsumenten zehrt.

Eine ausführliche Sammlung von Unterrichtsmaterial und Hintergrundinformationen findet sich hier: http://www2.vobs.at/medien/beglArtikel/FeedWorld.pdf.

Taste the Waste

Deutschland 2011. Regie: Valentin Thurn. 88 Min. FSK 0/JMK 0: empfehlenswert als Diskussionsfilm ab 10 Jahren.

In eine ähnliche Kerbe wie We Feed The World schlägt dieser Dokumentar-film des deutschen Regisseurs Valentin Thurn, der sich speziell um die Lebens-mittelverschwendung als Folge der industriellen Überproduktion dreht. Thurn porträtiert Supermärkte, die sich abgelaufener Waren in rauen Mengen ent-ledigen, Bauern, denen der Handel nur makellose Früchte abkauft und damit die anderen zum Abfall verdammt, eine Bäckerei, die nichtverkauftes Brot zum Heizen verwendet, und vieles mehr. Aufgrund gesetzlicher Bestimmungen, aber auch einfach aus Faulheit, werden täglich in Europa Tonnen an Lebensmitteln vernichtet und weggeworfen, während in anderen Erdteilen Hunger herrscht.

Ohne moralisierend zu sein zeigt der Film nüchtern, was Sache ist und sorgt gerade so für ungläubiges Staunen über die maßlose Verschwendung von Nah-rungsmitteln, die außer ihrem Verkaufswert keinen intrinsischen Wert mehr zu haben scheinen: »Die Dokumentation regt zum Überdenken seines eigenen Konsum- und Wegwerfverhaltens an und zeigt zudem noch, dass es viele enga-gierte Menschen mit zum Teil ungewöhnlichen, aber wirkungsvollen Lösungs-ansätzen gibt.« *(JMK)*

Unter http://www.schoool.at/jart/prj3/poool/movie.jart?rel=de&content-id =1316857817931 steht ein umfangreiches Filmheft zur Verfügung.

Die Truman Show

The Truman Show. USA 1998. Regie: Peter Weir. 99 Min. FSK 12/JMK k.A.

Der Versicherungsangestellte Truman Burbank leidet zunehmend unter der Beengtheit seines kleinbürgerlichen Lebens in der idyllischen, doch langweiligen Küstenstadt Seahaven. Eine Reihe von merkwürdigen Ereignissen, die eines Tages eintreten, verunsichert ihn dabei zunehmend. Tatsächlich ist Truman (»true man«) ohne sein Wissen die Hauptfigur einer Reality-Show: Der TV-Produzent Christof hat eine künstliche Stadt voller Schauspieler errichtet, in der Truman – ohne es zu bemerken – von Geburt an von tausenden Kameras begleitet wurde. Mehr und mehr erkennt Truman jedoch die Künstlichkeit seiner Lebenswelt und versucht, aus der Stadt auszubrechen, was die Serienmacher mit aller Gewalt ver-hindern wollen. Schließlich gelangt Truman an das Ende des riesigen Studios, wo ihn Christof über die Wahrheit aufklärt und ihn zum Verbleib in seiner hei-len Welt drängt, wobei er auf die Härte und Grausamkeit der Realität hinweist. Truman entscheidet sich jedoch dafür, seine alte Welt zu verlassen.

Im Kontext der aufkommenden Reality-Fernsehformate, hinter denen jedoch letztlich mehr Inszenierung als Realität steht, ist Peter Weirs Satire eine

Anfrage an die Ausschlachtung des Lebens vor der Kamera, den Voyeurismus der Zuschauer von Reality-Sendungen und der kommerziellen Ausbeutung des Menschen. Damit bietet der Film bei guter Unterhaltung auch eine Diskussionsgrundlage über die Medienindustrie, Fernsehformate und die Würde des Menschen im Zeitalter der Massenmedien.

Holger Tweles Filmheft ist folgender Adresse abrufbar: http://129.143.189.18/mmdata/Begleit/4650105_Filmheft%20IKF.pdf

Wag The Dog – Wenn der Schwanz mit dem Hund wedelt
Wag The Dog. USA 1997. Regie: Barry Levinson. 97 Min. FSK 12/JMK k.A.

Der US-Präsident wird kurz vor seiner wahrscheinlichen Wiederwahl in einen Sexskandal verwickelt. Der politische Berater Conrad Brean empfiehlt dem Wahlkampfteam daraufhin, die Aufmerksamkeit der Öffentlichkeit auf einen fiktiven Krieg zu lenken, den der Filmproduzent Stanley Motss so authentisch inszenieren soll, dass er von den Medien als echt angesehen wird. Zwar gelingt der Coup zunächst, doch auf Druck der CIA, die diplomatische Konflikte mit dem angeblichen Kriegsgegner Albanien vermeiden will, wird der »Krieg« schnell beendet. Um mehr Zeit zu gewinnen, konzipieren Brean und Motss nun die dramatische Geschichte des angeblich verschollenen Soldaten William Schumann, der genau einen Tag vor den Präsidentschaftswahlen »befreit« wird. Die gewagte Medientäuschung glückt tatsächlich, der Sexskandal ist vergessen, die Wiederwahl gelingt. Als die Medien aber die TV-Werbespots des Präsidenten als wahlentscheidend feiern, fühlt sich Regisseur Motss um die öffentliche Würdigung seines Geniestreichs betrogen und kündigt an, die Geschichte auffliegen zu lassen, worauf er unter mysteriösen Umständen stirbt. Der Film endet mit erneuten Nachrichtenmeldungen über einen Konflikt in Albanien.

Die bitterböse Satire – gedreht ein Jahr *bevor* Bill Clinton im Zuge der Lewinsky-Affäre den Irak bombardieren ließ – ist eine gekonnte Anfrage an Wahrheit und Lüge in der sensationslüsternen Welt der modernen Massenmedien. Wie sehr können wir Nachrichten vertrauen? Wie spielen Politik und Wirtschaft mit der medialen Aufmerksamkeit? Wie werden propagandistische Kampagnen inszeniert? Der Film zeigt dabei die Rolle der Medien zwischen ihrer meinungsbildenden Macht einerseits und ihrer eigenen Manipulierbarkeit andererseits.

Ein ausführliches Filmheft für den Schulunterricht findet sich unter http://www.filmabc.at/bilder/file/12_Filmheft_Propaganda_US_Film.pdf

Literatur

Verwendete Literatur

Benedikt XVI.: »Kinder und Soziale Kommunikationsmittel: eine Herausforderung für die Erziehung«, in: http://www.vatican.va/holy_father/benedict_xvi/messages/communications/documents/hf_ben-xvi_mes_20070124_41st-world-communications-day_ge.html

Eder, Jens: Dramaturgie des populären Films. Drehbuchpraxis und Filmtheorie, Hamburg 1999 (= Beiträge zur Medienästhetik und Mediengeschichte 7)

Ernst, Katharina: Mit Spielfilmen aufwachsen, in: Ammann, Daniel/Ernst, Katharina (Hg.) Film erleben: Kino und Video in der Schule, Zürich 2000, 19–28

Fankhauser, Rainer: »Urheberrechtsgesetz (§ 56c). Wiedergabe von Filmen im Unterricht«, in: http://www.tirol.gv.at/fileadmin/www.tirol.gv.at/themen/bildung/einrichtungen/medienzentrum/downloads/rundschreiben-nr-20–2004-urheberrecht.pdf

Großegger, Beate: Jugend in der Mediengesellschaft. Sozialisiert im Zeitalter des dynamischen technologischen Wandels, in: http://www.eduhi.at/dl/jugendkultur.at-Dossier_Jugend_in_der_Mediengesellschaft.pdf

Gottwald, Eckart: Art. Bibelfilme, in: Mette, Norbert/Rickers, Volker (Hg.): Lexikon der Religionspädagogik. 1, Neukirchen-Vluyn 2001, 180–182

Halbe, Paul: »Zeitnahe religiöse Gespräch durch den Film«, in: film-dienst 50 (1966)

Haller, Albrecht: Urheberrecht – 30 häufig gestellte Fragen (FAQ) samt Antworten und einer kleinen Check-Liste, in: http://www.bmukk.gv.at/medienpool/15917/faq_haller.pdf

Hildebrand, Jens: Film: Ratgeber für Lehrer, Köln 2001

Hennning, Karsten/Steib, Rainer: Leitfaden Medienarbeit. Erfahrungsorientierte Medienpraxis für Religionsunterricht und Bildungsarbeit, München 1997

Jäckel, Michael: Medienwirkungen. Ein Studienbuch zur Einführung, Wiesbaden [4]2008

Jarren, Ottfried: »Mediengesellschaft«. Risiken für die politische Kommunikation, in: Politik und Zeitgeschichte 41/42 (2001) 10–19

Johannes Paul II.: »Ansprache an die Teilnehmer der Internationalen Studientagung über den Film, 1999«, in: http://www.vatican.va/holy_father/john_paul_ii/speeches/1999/december/documents/hf_jp-ii_spe_02121999_convegno-cinema_ge.html

Jugendmedienkommission: Alterskennzeichnung von Filmen und vergleichbaren Bildträgern, in: http://www.bmukk.gv.at/medienpool/15384/broschuerealterskennzeichnun.pdf

Kleefeld, Ralf/Ehlers, Klaus/Dellit, Martin: Film und Bildung. Vom pädagogischen Wert des Films für die Kirche, in: Ammon, Martin/Gottwald, Eckart (Hg.): Kino und Kirche im Dialog, Göttingen 1996, 138–152

Maier, Wolfgang: Grundkurs Medienpädagogik Mediendidaktik. Ein Studien- und Arbeitsbuch, Weinheim [2]1998

Maurer, Björn: Filmbildung in der Sekundarstufe I – ein Überblick, in: Barg, Werner/Niesyto, Horst/Schmolling, Jan (Hg.): Jugend:Film:Kultur. Grundlagen und Praxishilfen für die Filmbildung, München 2006, 169–208

Mok, Sog Yee/Ertl, Bernhard: Medienkompetenz, in: Paechter, Manuela u. a. (Hg): Handbuch Kompetenzorientierter Unterricht, Weinheim 2012, 105–118

Pfeiffer, Susanne: Film und Religion. Die Mediensozialisation Jugendlicher im Informationszeitalter, Münster 2000 (= Schriftenreihe der Evangelischen Fachhochschule Freiburg 10)

Pirner, Manfred: Religiöse Mediensozialisation, München 2004 (= Medienpädagogik interdisziplinär 3)

Pongratz, Gregor: Der Spielfilm als multimediales ästhetisches Medium, in: Pongratz, Gregor (Hg.): Spielfilm-Interpretation und »spielerische« Film-Gestaltung mit Musik. Filmpädagogik aus hermeneutisch-phänomenologischer Perspektive, Hildesheim 2006, 33–42

Prensky, Marc: Digital Natives, Digital Immigrants, in: http://www.marcprensky.com/writing/ Prensky%20-%20Digital%20Natives,%20Digital%20Immigrants%20-%20Part1.pdf

Tiemann, Manfred: Bibel im Film. Ein Handbuch für Religionsunterricht, Gemeindearbeit und Erwachsenenbildung, Stuttgart 1995

Tiemann, Manfred: Jesus comes from Hollywood. Religionspädagogisches Arbeiten mit Jesus-Filmen, Göttingen 2002

Rogge, Jan-Uwe: Kinder können fernsehen. Vom sinnvollen Umgang mit dem Medium, Reinbek 1999 (= Mit Kindern leben)

Scheidt, Thomas vom: »Können wir nicht mal wieder einen Film gucken?« Das Medium Film im Religionsunterricht, in: Bohrmann, Thomas/Veith, Werner/Zöller, Stephan (Hg.): Handbuch Theologie und populärer Film. 2, Paderborn 2009, 311–322

Schmid, Hans: Ein Grundmodell des Umgangs mit Filmen, in: Schmid, Hans: Die Kunst des Unterrichtens. Ein praktischer Leitfaden für den Religionsunterricht, München 2012, 183–200

Schröder, Bernd: Medien als Exempel religiös relevanter Sozialisationsfaktoren, in: Schröder, Bernd: Religionspädagogik, Tübingen 2012 (= Neue theologische Grundrisse), 350–363

Schröder, Bernd: Medial konstruierte Lernorte – Religionspädagogik der Medien, in: Schröder, Bernd: Religionspädagogik, Tübingen 2012 (= Neue theologische Grundrisse), 682–690

Small, Gary/Vorgan, Gigi: »Meet Your iBrain. How the technologies that have become part of our daily lives are changing the way we think«, in: Scientific American Mind 19 (2008), 42–49

Süss, Daniel/Lampert, Claudia/Wijnen, Christine: Medienpädagogik. Ein Studienbuch zur Einführung, Wiesbaden 2010 (= Studienbücher zur Kommunikations- und Medienwissenschaft)

Türcke, Christoph: Hyperaktiv! Kritik der Aufmerksamkeitsdefizitkultur, München ²2012

Welter, Julien: »Film und Religion – eine besondere Beziehung«, in: http://www.arte.tv/de/film-und-religion-eine-besondere-beziehung/1713614,CmC=1713808.html

Wörther, Matthias: Spielfilm im Unterricht. Didaktik, Anregungen, Hinweise, in: muk-publikationen 29 (2005)

Weiterführende Literatur zu Filmbildung und Filmanalyse

Barg, Werner/Niesyto, Horst/Schmolling, Jan (Hg.): Jugend:Film:Kultur. Grundlagen und Praxishilfen für die Filmbildung, München 2006

Bienk, Alice: Filmsprache. Einführung in die interaktive Filmanalyse, Marburg 2008

Braun, Michael/Kamp, Werner: Filmperspektiven. Filmanalyse für Schule und Studium, Haan-Gruiten 2011

Elsaesser, Thomas/Hagener, Malte: Filmtheorie zur Einführung, Hamburg ⁷2011

Fürst, Gebhard (Hg.): Katholisches Medienhandbuch. Fakten – Praxis – Perspektiven, Kevelaer 2013

Hickethier, Knut: Film- und Fernsehanalyse, Stuttgart 2001

Hildebrand, Jens: Film: Ratgeber für Lehrer, Köln ²2006

Kamp, Werner/Rüsel, Manfred: Vom Umgang mit Film. Methodenhandbuch, Berlin 1998

Korte, Helmut: Einführung in die systematische Filmanalyse, Berlin 2001

Monaco, James: Film verstehen. Kunst, Technik, Sprache, Geschichte und Theorie des Films und der Neuen Medien, Berlin ²2009

Munaretto, Stefan: Wie analysiere ich einen Film? Ein Arbeitsbuch zur Filmanalyse, Hollfeld ³2012

Linkliste

www.ted.com/talks/beeban_kidron_the_shared_wonder_of_film.html (Grundsatz-Vortrag der britischen Regisseurin Beeban Kidron über die kulturelle und pädagogische Bedeutung des Films mit deutschen Untertiteln)

http://filmlexikon.uni-kiel.de/(Insgesamt 7.000 Einträge zu allen historischen, technischen und künstlerischen Facetten des Films)

www.bmukk.gv.at/schulen/service/jmk/jmk_aufg.xml (Website der Jugendmedienkommission des BMUKK inkl. einer Filmdatenbank mit Empfehlungen)

www.fsk.de (Webauftritt der Freiwilligen Selbstkontrolle der Filmwirtschaft in Deutschland)

www.film-dienst.de (Webauftritt der führenden katholischen Zeitschrift für Filmkritik in Deutschland)

www.zweitausendeins.de/filmlexikon/(Das Lexikon des Internationalen Films, basierend auf Filmkritiken des Filmdienstes

www.film-und-theologie.de (Website der internationalen Forschungsgruppe ›Film und Theologie‹)

www.script-o-rama.com (Eine Sammlung von Originaldrehbüchern und -entwürfen zu unzähligen Filmen)

www.filmeducation.org (Englischsprachige Website mit einer Vielzahl an Materialien und Hintergrundwissen zu Film im Unterricht.)

www.kinofenster.de (Onlineportal für Filmbildung mit Lehrmaterial und Dossiers)

www.kinomachtschule.at (Projektseite für den Filmeinsatz im Unterricht mit einer Fülle an Unterrichtsmaterial)

http://clubfilmothek.bjf.info/listeh.php (Ausführliche Arbeitshilfen für den Unterricht zu einer Reihe von empfehlenswerten Filmen)

www.medienimpulse.at (Beiträge zur Medienpädagogik mit verschiedenen Schwerpunkten)

www.filmwerk.de (Didaktisches Material und Unterrichtsmodelle des Katholischen Filmwerks zu einer Reihe ausgewählter Filme)

www.mediamanual.at/(Interaktive Plattform des BMUKK für aktive Medienarbeit in der Schule, inklusive eines Leitfadens zum Basiswissen Film

www.muk.erzbistum-muenchen.de/cms (Website der Medienstelle der Erzdiözese München mit einer Reihe abrufbarer Hefte zum Thema Medien und Religion)

www.filmabc.at (Initiative für Filmvermittlung und Medienbildung mit Unterrichtsmaterialien und Fortbildungsangeboten)

www.philfilms.utm.edu (Ausführliche kommentierte Liste von Filmen, die von Philosophie-Instituten in den USA zusammengestellt wurde)

Filmregister